«Hay dos tipos de enfoque que son necesarios para alcanzar lo esencial en la vida: el enfoque como sustantivo (centrar nuestra atención con intención) y el enfoque como verbo (el proceso continuo de conectar diferentes elementos). Esto está brillantemente ilustrado tanto en el texto como en los gráficos de esta última obra de Chris Bailey. Me encantó el libro».

— Greg McKeown, autor de *Esencialismo*

«Práctico, bien escrito y oportuno. Chris Bailey aborda uno de los temas actuales más importantes en la búsqueda del éxito en el trabajo y en el intento de educar bien a nuestros hijos. Aquello a lo que prestamos atención se convierte en nuestra realidad. *Hyperfocus* proporciona un método práctico para centrar nuestra atención en la creación de una realidad adaptativa. Si queremos lograr un mayor éxito y felicidad, necesitamos empezar por saber concentrar nuestra mente intencionadamente».

— Shawn Achor, autor de *La felicidad como ventaja y Big Potential*

«El hiperenfoque es un salvavidas en un mundo en el que todos estamos abrumados con demasiado que hacer y sin tiempo suficiente para hacerlo. Gracias al nuevo libro de Chris Bailey, innovador y actual, siento que ahora tengo, por primera vez en años, literalmente, la capacidad de concentrarme en las cosas más importantes y generadoras de valor. Lee este libro si deseas un bálsamo para aliviar el estrés, además de garantizar una mejorara tanto en tu productividad como en tu felicidad».

— Jim Citrin, autor de *The Career Playbook*

«Conseguir mantener la concentración en un mundo agitado es una habilidad que todo profesional necesita dominar. Chris Bailey te mostrará cómo hacerlo en su nuevo libro *Hyperfocus*. Haciendo uso de la ciencia más vanguardista, Bailey te ofrece herramientas prácticas e increíbles para cambiar tu forma de trabajar».

— Vanessa Van Edwards, autora de *Cautivar*

«Sin duda tu atención es tu activo más valioso. Todo en la vida –nuestra experiencia vital– es el resultado de nuestra atención. *Hyperfocus* te enseñará cómo usar esta herramienta, cómo perfeccionarla, aprovecharla e incluso disfrutarla. Presta atención a Chris Bailey-en este libro bien vale la pena enfocarse».

— Peter Bregman, autor de *18 Minutos*

«La atención puede ser el activo más determinante del siglo XXI. *Hyperfocus* se sirve de décadas de investigaciones científicas y las complementa con aplicaciones prácticas para mostrarnos la mejor manera de gestionar y potenciar nuestra atención».

— David Burkus, autor de *Bajo una nueva gestión* y *Friend of a Friend*

«El libro de Chris Bailey es una guía fascinante para controlar nuestra atención. Describe una metodología que nos ayudará a enfocarnos y a hacer las cosas de manera más eficaz. Su libro no es sólo teoría, también es una maravillosa caja de herramientas repleta de recomendaciones prácticas y detalladas. No esperes a probarlas».

— Kai-Fu Lee, fundador de Google China, presidente y
CEO de Sinovation Ventures

HYPERFOCUS

HYPERFOCUS

CÓMO CENTRAR
TU ATENCIÓN
EN UN MUNDO
DE DISTRACCIONES

CHRIS BAILEY

REM
REVERTÉ MANAGEMENT

Hyperfocus

Copyright © 2018 by Chris Bailey

VIKING
An imprint of Penguin Random House LLC
375 Hudson Street
New York, New York 10014
All rights reserved.

Illustrations by Chris Bailey and Sinisa Sumina.

Esta edición:
© **Editorial Reverté, S. A., 2023**
Loreto 13-15, Local B. 08029 Barcelona – España
revertemanagement@reverte.com

Edición en papel
ISBN: 978-84-17963-83-5

Edición en ebook
ISBN: 978-84-291-9765-5 (ePub)
ISBN: 978-84-291-9766-2 (PDF)

Editores: Ariela Rodríguez / Ramón Reverté
Coordinación editorial: Julio Bueno
Traducción: Genís Monrabà Bueno
Revisión de textos: Xantal Aubareda Fernández
Maquetación: Patricia Reverté

Impreso en España – *Printed in Spain*
Depósito legal: B 16040-2023
Impresión y encuadernación: Liberdúplex, S.L.U.
Barcelona – España

103

A Ardyn

CONTENIDO

PRIMERA PARTE
HYPERFOCUS

SEGUNDA PARTE

SCATTERFOCUS

PRÓLOGO DEL EDITOR A LA NUEVA EDICIÓN REVISADA

Tras el rotundo éxito de la primera edición, nos complace presentar con entusiasmo esta nueva edición en castellano de la obra de Chris Baley HYPERFOCUS. Esta edición ha sido cuidadosamente revisada para proporcionar al lector una experiencia aún más enriquecedora. Mediante un meticuloso examen del texto, se han corregido las erratas detectadas y se han introducido cambios en la redacción con el objetivo de facilitar la asimilación de los contenidos. Además, esta edición en castellano recupera la portada original de la edición publicada para el mercado anglosajón, manteniendo así una conexión visual con nuestros apreciados lectores.

Este libro revolucionario nos sumerge en el fascinante mundo de la atención y el enfoque, brindándonos herramientas y estrategias para aprovechar al máximo nuestra capacidad mental y lograr un mayor nivel de productividad, creatividad y bienestar en nuestras vidas.

En una época en la que estamos constantemente bombardeados por una infinidad de distracciones y demandas de atención, encontrar la claridad mental y la capacidad de concentrarnos en lo que realmente importa se ha convertido en un desafío crucial. Chris Bailey, reconocido experto en productividad y autor de renombre, nos guía en este viaje hacia una atención enfocada y nos muestra cómo podemos cultivarla en un mundo cada vez más disperso.

Hyperfocus nos presenta un enfoque único y poderoso para entender y aprovechar nuestra atención. A través de una exhaustiva investigación respaldada por estudios científicos y experiencias personales, Bailey nos muestra cómo la atención selectiva y la inmersión profunda en una tarea pueden desbloquear todo nuestro potencial.

Desde los fundamentos de la atención hasta técnicas prácticas para controlar las distracciones y convertir el enfoque en un hábito arraigado, este libro nos sumerge en un viaje revelador. A través de las páginas de *Hyperfocus*, descubrimos cómo apagar el piloto automático, establecer límites a nuestra atención y aprovechar el poder del hiperenfoque para lograr resultados extraordinarios.

Pero *Hyperfocus* no se limita solo a impulsar una visión enfocada. Bailey también explora el concepto de «Scatterfocus», revelándonos cómo el modo creativo oculto de nuestro cerebro puede ser una fuente inagotable de ideas innovadoras. Aprenderemos a recuperar nuestra atención, conectar puntos aparentemente inconexos y combinar diferentes enfoques para impulsar nuestra creatividad a niveles insospechados.

A lo largo de estas páginas, Chris Bailey nos brinda una combinación excepcional de teoría y práctica, presentándonos ejemplos reales, consejos probados y ejercicios concretos que nos permitirán desarrollar una atención enfocada y superar las distracciones que nos rodean. Su estilo ameno y accesible nos acompaña en cada paso del camino, haciéndonos sentir que contamos con un guía sabio y cercano en nuestra búsqueda por maximizar nuestro potencial.

Hyperfocus es una obra magistral que nos desafía a repensar nuestra relación con la atención y nos proporciona las herramientas necesarias para alcanzar una mayor realización personal y profesional. A medida que avancemos en estas páginas, descubriremos cómo cada pequeño cambio en nuestra forma de enfocar puede marcar una gran diferencia en nuestras vidas.

Estamos seguros de que *Hyperfocus* se convertirá en un recurso imprescindible para aquellos que buscan alcanzar la excelencia en un mundo cada vez más disperso. Sumergirse en esta obra y permitir que Chris Bailey nos guíe hacia un nuevo nivel de enfoque y logro personal, supone embarcarse en un viaje transformador hacia el poder de la atención enfocada.

¡Bienvenidos a *Hyperfocus*!

¿POR QUÉ ES TAN IMPORTANTE ENFOCAR LA ATENCIÓN?

La atención está por todas partes

Escribo estas líneas entre las conversaciones apagadas y el ruido de la cubertería metálica de una pequeña cafetería en Kingston, Canadá.

Siempre me ha gustado observar a la gente. Hay mucho en lo que fijarse: cómo andan, visten, hablan o actúan según la situación. Ya sea en un restaurante abarrotado o en una cafetería como esta, me divierte estudiar las colisiones de personalidades como si fueran átomos en un acelerador de partículas; examinar cómo cambia la personalidad de un hombre cuando pasa de hablar con su amigo a hacerlo con el camarero; analizar cómo se adapta la personalidad de los camareros a las necesidades de cada mesa, tanto si se trata de una familia numerosa como de una pareja joven.

Enfocándome en los demás, he descubierto lo que atrae su *atención*. En todo momento, estamos enfocados en *algo*; incluso cuando estamos absortos en nuestros pensamientos. Echemos un vistazo a la cafetería.

Centrémonos en la pareja de veinteañeras ubicada en la mesa de mi izquierda: están más atentas a sus teléfonos móviles que a prestarse atención la una a la otra. Entre mensaje y mensaje, dejan el teléfono en la mesa y le dan la vuelta, con la pantalla bocabajo. Es un bonito gesto, pero no logra su objetivo: enseguida lo recogen y vuelven a usarlo. A pesar de que no puedo entender cada palabra de lo que dicen, puedo asegurar que apenas están tocando la superficie de la conversación que podrían estar teniendo. Se encuentran una delante de la otra, pero su atención está en otra parte.

O fijémonos en la pareja situada al otro lado de la sala. Están ensimismados en una conversación que acompañan con café caliente y tortitas con mantequilla. Cuando llegaron, estaban ocupados en una pequeña charla sin importancia, pero la conversación enseguida se volvió más animada. Al contrario que la pareja de veinteañeras, esta pareja ha prestado toda su atención a lo que se decían desde que llegó.

Suena una canción pegadiza de Ed Sheeran y dos hombres sentados en una mesa cercana atraen mi atención. Uno de ellos sigue el ritmo de la música con el pie mientras el otro pide la comida. Seguramente, la atención del que aguarda turno para pedir se reparte entre tres tareas: la canción, lo que pide su amigo y la rápida decisión que debe tomar para escoger su desayuno. Al pedir los tres huevos *express*, el camarero le pregunta: «¿Cómo los quiere?». Inmediatamente se enfoca en sí mismo, intenta recordar cómo los toma normalmente y contesta: «Revueltos».

En la barra de la cafetería hay unas cuantas personas que hablan despreocupadamente mientras miran las mejores jugadas de los partidos de la noche anterior. Me parece especialmente fascinante que millones de personas de todo el mundo —incluyendo las de la barra— se queden absortas mirando una pantalla de apenas once pulgadas. Uno de los individuos menea la cabeza; está perdido en sus pensamientos. Luego, como si una corriente eléctrica recorriera todo su cuerpo, se apresura en anotar una idea en una libreta pequeña. Mientras se encontraba absorto y la melodía de la televisión acompañaba las mejores jugadas de la noche anterior, una revelación le vino a la cabeza. Tuvo un momento de eureka.

O miradme a mí, aquí sentado con mi portátil. Esta mañana, mientras me tomaba mi café tranquilamente y mordisqueaba unas patatas fritas, fui capaz de enfocar mi atención completamente en mi trabajo para aprovechar mejor mi energía. Quizás la meditación de esta mañana ha sido de gran ayuda —puedo escribir más palabras cuando realizo esta suerte de ritual; un 40 % más, según mis cálculos—. He dejado mi móvil en casa, así que nada me distrae y mi mente se ha relajado mientras me dirigía a la cafetería. Como veremos más adelante, desconectar es una de las estrategias más poderosas para encontrar ideas nuevas y mejores. La música de la cafetería es pegadiza, pero no lo suficiente como para distraerse. Sin embargo, no estoy aquí por el hilo musical. Elegí esta cafetería porque no tiene wifi, ya que estar conectado constantemente es uno de los factores que perturba nuestro enfoque y productividad. Como demuestran los párrafos anteriores, estoy ligeramente distraído por el ambiente y las personas que me rodean, pero han sido de utilidad para apuntalar la introducción de este libro.

La escena de esta cafetería es una ilustración práctica de la revelación que tuve unos instantes atrás: la atención está por todas partes. Una vez te fijas en algo, ya no puedes dejar de verlo. Todo el mundo que se halla despierto en este momento —tanto si desayunan, como si trabajan o pasan un rato con la familia— están prestando atención a algo. La atención es el telón de fondo que acompaña nuestra vida, dondequiera que estemos y hagamos lo que hagamos, incluso cuando estamos ocupados con nuestros pensamientos.

E mpecé a investigar cómo podemos enfocar mejor la atención y pensar más claramente hace apenas unos años. Como experto en productividad, fue muy duro admitir que, a medida que iba acumulando dispositivos electrónicos, estaba cada vez más distraído. Nunca había logrado tan pocos objetivos estado tan ocupado. Me encontraba incómodo con el aburrimiento y con la falta de estímulos, e intentaba abarcar todos los proyectos que me salían al paso. Sabía que mi cerebro no funcionaba demasiado bien cuando intentaba hacer varias cosas a la vez, pero no podía evitarlo. En teoría, trabajar con el correo electrónico abierto y el teléfono móvil encima del escritorio era más productivo que enfocarse en una sola tarea. En realidad, este libro nació de una necesidad: lo escribí porque realmente lo necesitaba.

Cuando estoy ilusionado con una nueva idea, siempre me hago con una docena de libros que hablan del tema y los estudio como si la vida me fuera en ello. Enfocar la atención ha sido mi hallazgo más reciente. Entre sus competencias se encuentran la capacidad de gestionar las distracciones que nos rodean; hacer varias tareas a la vez —si es posible (lo es)—; desarrollar nuestra resistencia a las tareas que nos hacen procrastinar y, lo que es más importante, aprender a desconectar para que podamos relajarnos y recuperar la energía. En las lecturas encontré mucha información espantosa: consejos —a veces contradictorios— que eran entretenidos de leer, pero que me ofrecían muy poca ayuda para sacar mi vida adelante.

Entonces, me centré en la investigación científica, en decenas de estudios académicos y en décadas de documentación dedicados a descubrir la mejor manera de enfocarnos.* Como leí

---

* Leer un artículo académico de principio a fin es *mucho* más fácil de decir que de hacer, pero es más fácil cuando estás interesado en el tema. Curiosamente, las investigaciones muestran que lo que nos permite concentrarnos en la lectura no es la complejidad de un libro o un artículo, sino lo *interesados* que estamos en lo que leemos[1].

cuidadosamente miles de estudios, la carpeta de mi ordenador en la que guardaba todo el material se volvió inmanejable. Reuní decenas de miles de notas y empecé a identificar las lecciones esenciales y más prácticas de todas ellas. Hablé con los investigadores más importantes del mundo para desvelar la razón por la cual nos distraemos tan fácilmente, y para saber qué podemos hacer para que nuestras obstinadas mentes se enfoquen en un mundo lleno de distracciones. Y, además, empecé a experimentar por mi propia cuenta; quería comprobar si podía controlar mi enfoque.

Lo que descubrí no solo cambió mi forma de trabajar por completo, sino que también cambió mi vida. Empecé a considerar la atención enfocada como un factor esencial en mi bienestar en vez de como una herramienta para incrementar la productividad. Curiosamente, aprendí que una de las mejores estrategias para estimular mi creatividad y mi productividad era precisamente aprender a *des*enfocarme. Si no prestaba atención a nada en particular y dejaba que mi mente vagara por libre (así como lo hice en la cafetería de Kingston), era capaz de encontrar mejores ideas y establecer conexiones más creativas entre ellas.

También me di cuenta de que hoy tenemos más distracciones que nunca en la historia de la humanidad. Los estudios demuestran[2] que solo podemos trabajar una media de *cuarenta segundos* seguidos delante del ordenador antes de que alguna distracción o asunto nos interrumpa. No hace falta mencionar que somos más productivos cuando dedicamos mucho más de cuarenta segundos a cualquier tarea. Pasé de considerar las multitareas como una herramienta útil y estimulante, a verlas como una trampa que me interrumpía de manera constante. En realidad, cuantas más cosas pretendemos hacer al mismo tiempo, más tardamos en completar una sola cosa. Por eso, si nos enfocamos profundamente en una sola tarea importante, logramos alcanzar la versión más productiva de nosotros mismos.

Por encima de todo, empecé a ver la atención enfocada como el factor más determinante para lograr ser más productivos, creativos y felices, tanto en el trabajo como en nuestro hogar. Cuando gestionamos de forma inteligente e intencionada nuestra limitada atención, podemos enfocarnos más profundamente y pensar con más claridad. En realidad, esta es una habilidad muy preciada en un mundo en el que se realizan trabajos que requieren un gran esfuerzo mental, pero que está abarrotado de distracciones.

Este libro es un recorrido guiado a través de mis investigaciones sobre la atención enfocada. No solo compartiré los fascinantes hallazgos que he encontrado, sino que también te ayudaré a aplicar estos nuevos conceptos en tu propia vida (todos probados y con resultados asombrosos). Saber cómo funciona la productividad es estupendo, pero no tiene ninguna utilidad si no lo pones en práctica. Así pues, considero que este es un libro que usa la ciencia para encontrar soluciones; un libro que explora lo que se esconde detrás de la atención enfocada, pero que, además, consigue ligar estas nuevas ideas a tu estilo de vida para que puedas explorar estrategias de gestión que te ayuden a mejorar la atención y a ser más creativo y productivo. Estas ideas o esta nueva forma de ver el mundo ya han cambiado la vida de alguien: la mía. Los resultados pueden parecer mágicos, pero la magia deja de serlo cuando sabes cuál es el truco.

CÓMO SACAR PROVECHO
DE ESTE LIBRO

L eer este libro es la primera oportunidad para probar tu capacidad para enfocar la mente. Cuanta más atención le dediques, más provecho sacarás de su lectura. Empecemos con siete notas prácticas para enfocarte mejor mientras lees.

Pero antes de empezar, un breve apunte. Si algo he aprendido de mi investigación, es que la productividad es totalmente personal. Cada cual está programado de una forma distinta y tiene sus propias rutinas —en consecuencia, no todas las estrategias de productividad encajarán a la perfección con tu estilo de vida—. Por no hablar del hecho de que quizá no quieras seguir los consejos que ofrezco. Experimenta con las tácticas de enfoque que creas oportunas, y adopta las que creas que van a funcionar.

1. APAGA EL TELÉFONO MÓVIL

Cuando tu mente muestra *cierta* resistencia a realizar una tarea, la mente busca cosas nuevas para enfocar su atención. Los teléfonos móviles son un buen ejemplo: proporcionan una cantidad interminable de información estimulante para que nuestro cerebro la consuma.

Como veremos más adelante, las distracciones y las interrupciones son infinitamente más fáciles de controlar antes de que se conviertan en una tentación irrefrenable. Valora tu móvil por lo que realmente es: un agujero negro que engulle tu atención. Para enfocarte en este libro, puede ser útil que dejes el móvil en otra habitación. Quizá te sientas incómodo al no tenerlo cerca, pero créeme: vale la pena vencer esta resistencia inicial. Nunca es sano depender de algo adictivo —móviles incluidos—.

Este divertido ejercicio te ayudará a profundizar el alcance de esta idea: Durante uno o dos días, presta atención a las veces que instintivamente echas un vistazo a tu teléfono móvil. ¿Qué sientes? ¿Qué te impulsa a revisarlo cada cierto tiempo? ¿Intentas distraerte durante el largo trayecto en un ascensor? ¿Intentas evitar una tarea aburrida, como actualizar tu presupuesto trimestral? Si analizas las veces que habitualmente consultas tu teléfono, podrás percatarte de las tareas que más te cuesta llevar a cabo y de cómo te sientes en esos momentos.

2. CUIDA TU ENTORNO

Echa un vistazo a tu alrededor: ¿Dónde estás leyendo este libro? ¿Es fácil que puedas distraerte o que te interrumpan mientras lees? ¿Hay algún lugar en el que podrías evitar este tipo de distracciones? ¿O estás leyendo en un entorno donde no tienes mucho margen de maniobra, como el tren o el metro?

Modificar tu entorno es una de las mejores maneras de cultivar tu enfoque. Los ambientes más favorables para propiciar tu atención enfocada son aquellos en los cuales no puedes distraerte y no pueden interrumpirte. Si es posible, trata de leer este libro en uno de esos sitios, en el café de la esquina, en la biblioteca o en una habitación silenciosa de tu casa.

3. ELABORA UNA LISTA DE DISTRACCIONES

Las distracciones nunca desaparecerán; aunque estés en un jardín zen japonés sin tu móvil u otro cualquier dispositivo electrónico, las distracciones seguirán. Las distracciones externas no son las únicas culpables, ten en cuenta las que provienen de tu interior, como cuando tu cerebro se acuerda de que debes pasar por el supermercado para hacer la compra.

Siempre que tengo que enfocarme en algo, pongo en práctica las dos estrategias anteriores y, además, cojo papel y lápiz para ir apuntando las distracciones que van apareciendo por mi cabeza: tareas pendientes, tareas que no debo olvidar, nuevas ideas, etc.

Hacer una lista de distracciones mientras lees te permitirá capturar la importancia de las cosas que circulan por la superficie de tu conciencia. Escribirlas en una libreta las contendrá para que no crezcan y puedas volver a enfocarte en la tarea que estabas realizando.

4. PREGÚNTATE SI VALE LA PENA LEER ESTE LIBRO

Consumimos muchas cosas por simple inercia, por costumbre, sin cuestionarnos realmente cuál es su valor —libros incluidos—.

Tómate tu tiempo para valorar tu rutina consumista. Una táctica provechosa es fijarse en los resúmenes de los libros, de las series de televisión o de las películas como si fueran pequeños indicadores de tu interés y tu atención. Después de leerlos u oírlos, ¿estás satisfecho de lo que te han aportado?

Del mismo modo que eres lo que comes, también eres todo eso a lo que prestas atención. La atención es el ingrediente más valioso que tienes para vivir una buena vida, y es finito —así que asegúrate de que todo lo que consumas valga la pena—. Como más adelante explicaré, estar atento a lo que consumes puede proporcionarte *horas* de tiempo extra cada día.

5. CONSUME UN POCO DE CAFEÍNA ANTES DE LEER

Si el día no está muy avanzado —la cafeína tarda de ocho a catorce horas en metabolizarse—, considera leer mientras tomas un café o un té[1].

La cafeína es un potente estimulante para tu enfoque, y a pesar de que durante el día deberás pagar el precio de esa energía prestada, los efectos valen la pena. La cafeína estimula tu rendimiento mental y físico prácticamente en todas las formas medibles (más detalles en la página 230). Utiliza estas descargas de energía sabiamente para trabajar o para leer este libro.

6. TEN A MANO UN BOLÍGRAFO O UN ROTULADOR

Hay dos maneras de consumir la información: la pasiva y la activa.

Uno de los muchos hábitos que tengo que molestan a mi prometida es que siempre arranco la primera página de los libros para usarla como marcapáginas —dice que es un sacrilegio; pero siempre le contesto que existen miles de copias del mismo libro en las tiendas—. Pero esto tan solo es el principio de la escabechina; siempre acompaño mis lecturas con un rotulador y un bolígrafo en la mano para poder ir marcando el libro mientras leo. El número de marcas y anotaciones en las páginas de cada libro indican lo mucho que me ha gustado. Cuando termino esa primera lectura, repaso el libro por segunda vez, releyendo solo las partes resaltadas para poder procesar las ideas más valiosas. Y si es posible, las comparto con cualquier persona que esté cerca (por desgracia para él o ella) para procesarlas más profundamente.

Espero que mientras leas *Hyperfocus* vayas señalando, subrayando y anotando, y que saques del libro las mejores ideas para tenerlas en mente y usarlas más tarde. Si he hecho un buen trabajo con este libro, habrás reunido un gran número de notas. (No dudes en mandarme una foto del resultado final de tu obra de arte, me encantaría echarle un vistazo. Mi correo electrónico y otras formas de contactar conmigo están al final del libro).

7. CUANDO TE DAS CUENTA DE QUE TU ENFOQUE SE TAMBALEA...

Tu capacidad de enfoque no es ilimitada; a pesar de que puedes mejorarla, es cuestión de tiempo hasta que empiece a decaer. Puedes reparar en ello cuando tu cabeza huye de lo que está escrito para refugiarse en los pensamientos de tu cabeza. No es nada raro. Es normal y humano —y como veremos más adelante, el divagar de tu mente puede ser tremendamente útil si se controla—.

Pero ahora, cuando adviertas que tu enfoque está decayendo, abandona el libro unos instantes para realizar algo que no necesite de una atención excesiva. Tanto si lavas los platos como si observas a la gente o limpias la casa, recargarás de forma efectiva tu capacidad de atención. Cuando puedas concéntrate de nuevo, regresa a la lectura con la mente fresca y abierta. Y del mismo modo que has tomado nota de las distracciones que pasaban por tu cabeza mientras leías, asegúrate de escribir las ideas que te venían a la cabeza durante el descanso.

PRIMERA PARTE

HYPERFOCUS

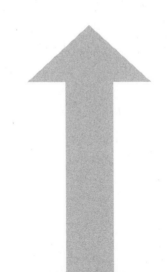

APAGAR EL PILOTO AUTOMÁTICO

EL PILOTO AUTOMÁTICO

En este momento es muy probable que estés concentrado en este libro. Pero ¿cómo has llegado hasta él?

Si me fijo en los libros de mi biblioteca, me doy cuenta de que muchos de ellos han llegado ahí gracias a la recomendación de algún amigo, a la publicidad o porque me gustó un libro parecido. La mayoría de nosotros no se plantea qué aspectos de su vida quiere cambiar o mejorar antes de adquirir un libro. Por lo común, la elección de una lectura es el resultado de una acumulación de eventos al azar.

Tomemos como ejemplo el último libro que leí. Cierto día, en un taxi cuyo conductor llevaba encendida la radio, oí una entrevista que le hacían al autor del libro. Más tarde, advertí que un amigo mío había compartido la reseña de este mismo libro dos veces en las redes sociales. Esta acumulación de coincidencias me llevó a tomar la decisión de comprarlo. El proceso en su conjunto fue todo menos premeditado.

El hecho de que no planifiquemos en detalle todo lo que hacemos ni cada decisión que tomamos es, generalmente, algo bueno. En realidad, he realizado la mayoría de los procesos que me han llevado a adquirir los libros de mi biblioteca en piloto automático. Por ejemplo, imagina que necesitaras crear un documento de Word para escribir todas las respuestas de tus correos electrónicos. Que, además, te obligaras a releer las respuestas que has escrito y las mandaras a tu compañero para que las revisara e imprimiera para detectar si existe algún fallo en la alineación de las frases. Y todo eso solo para responder un simple: «Perfecto. Me parece estupendo». Quizá este procedimiento minucioso es muy productivo para los proyectos importantes, pero ¿es necesario para cada correo electrónico? Imagina que todo lo que hicieras fuese premeditado, como comprar el kétchup, sacar la basura o cepillarte los dientes.

El piloto automático nos ayuda a realizar acciones como esas. Por lo menos un 40 % de nuestras acciones son hábitos adquiridos que no necesitan estar premeditados[1]. A no ser que seas un monje y puedas permitirte el lujo de meditar durante todo el día, es imposible vivir enfocado el cien por cien del tiempo.

Pero *vale la pena* reflexionar acerca de algunas decisiones que tomamos. Cómo gestionar nuestra atención es una de ellas.

Normalmente gestionamos nuestra atención con el piloto automático. Cuando recibimos un correo electrónico de nuestro jefe, instintivamente dejamos de hacer lo que estábamos realizando y lo respondemos. Cuando alguien cuelga una foto nuestra en Internet, siempre analizamos cómo salimos en ella y leemos los comentarios que la acompañan. Cuando hablamos con un compañero de trabajo, automáticamente nos concentramos para tener una respuesta brillante antes de que finalice lo que está diciendo. (Una de las cualidades más infravaloradas es la capacidad de dejar que los demás acaben sus frases sin interrumpirles).

Te propongo un ejercicio que solo te llevará treinta segundos. Responde honestamente a esta pregunta: Durante el día, ¿cuántas veces *eliges* a lo que prestar atención? En otras palabras, ¿cuánto tiempo inviertes para decidir deliberadamente lo que tienes que hacer?

La mayoría de la gente no está muy satisfecha con sus respuestas. Llevamos vidas muy ajetreadas, y raras veces elegimos centrarnos en algo por voluntad propia. Cuando nos damos cuenta de que nuestra cabeza está divagando, creemos que hemos perdido el tiempo, que hemos caído en la trampa de dar vueltas sobre la misma cosa inútilmente, o que nos hemos quedado en Babia vigilando nuestros hijos.

Después de desconectar el piloto automático, reconsideramos lo que deberíamos estar haciendo y hacemos el esfuerzo de realinear nuestras neuronas para enfocarnos en ello.

Aunque dejarnos llevar por el piloto automático puede ayudarnos a mantener el ritmo de trabajo y de vida, la atención es nuestro recurso más limitado y reducido. Si logramos dirigir nuestra atención intencionadamente, estaremos más enfocados y seremos más productivos y creativos.

UN DÍA EN PILOTO AUTOMÁTICO

Por desgracia, todos los ambientes en los que nos movemos (tanto los laborales como los personales) tienen su propia lógica para reclamar nuestra atención: nos bombardean con avisos de todo tipo, notificaciones, pitidos y zumbidos. Este flujo estable de interrupciones nos impide sumergirnos debidamente en cualquier labor en concreto; al fin y al cabo, no pasará mucho tiempo antes de que llegue otro correo electrónico que parezca igual de urgente.

Si aún estás leyendo el libro, es probable que te enfoques mucho mejor que la media de las personas. Leer un libro requiere grandes dosis de atención, y como la atención se está volviendo un bien escaso, pocas personas son capaces de dedicarse a la lectura sin distracciones. Pero también vale la pena preguntarse: ¿Cuánta atención le estás prestando a este párrafo en este preciso instante? ¿Estás totalmente enfocado? ¿Estás enfocado a medias? ¿Cómo ha cambiado tu nivel de enfoque a lo largo del tiempo? ¿Cuántas veces se ha desviado tu mente de las palabras de esta página y se ha quedado divagando en tus ensoñaciones? Incluso los lectores más experimentados tienen estos episodios de mente errante.*

No es extraño tener dificultades para enfocarse. Hay innumerables ejemplos que demuestran el poco control que tenemos sobre nuestra atención en el día a día. Considera los siguientes ejemplos:

- Nuestra cabeza se resiste a desconectar cuando estamos tumbados en la cama por la noche. ¿Por qué cuando una gran parte de nuestro ser quiere dormir para levantarse temprano la mañana siguiente, nuestra mente insiste en repasar el día entero?
- Nuestra mente nos recuerda situaciones espantosas de nuestra vida en los peores momentos. ¿De dónde vienen?
- Las ideas más increíbles y las percepciones más rebuscadas se nos ocurren mientras nos estamos duchando. ¿Por qué no se nos ocurren cuando más las necesitamos?

---

* Es curioso, los estudios demuestran que nuestros ojos escanean la página más *lentamente* cuando nuestra mente está desconcentrada —los ojos y la mente están estrechamente relacionados—. Darte cuenta de estos cambios en el escaneo de los ojos te ayudará a superar estos episodios de mente dispersa de manera mucho más fácil. Quizá, en un futuro no muy lejano, las tabletas y los e-books sean capaces de detectar estos episodios de dispersión antes de que ocurran[2].

- A veces nos encontramos en la cocina o en alguna habitación sin acordarnos de lo que pretendíamos hacer. ¿Por qué perdimos el hilo de nuestra intención original?
- Somos incapaces de enfocarnos en algo que queremos hacer, como redactar un informe sin fecha de entrega. ¿Por qué procrastinamos, nos distraemos o invertimos nuestra atención en acciones que no son productivas?
- Nos encontramos en la cama pasando de una aplicación a otra de nuestro teléfono inteligente, buscando actualizaciones una y otra vez hasta que logramos salir de nuestro trance. Podemos caer en los mismos bucles sin sentido en Internet —siguiendo enlaces de noticias, vídeos o alguna conversación en las redes sociales—.
- Somos incapaces de dejar de preocuparnos de ciertas cosas hasta que se han resuelto o se han desvanecido en el éter.

A medida que avances en la lectura de este libro y aprendas a enfocarte premeditadamente, estos lapsus tendrán mucho más sentido e incluso sabrás cómo aprovecharlos.

LOS CUATRO TIPOS DE TAREAS

En muchos sentidos, gestionar tu atención es como elegir qué ver en Netflix. Cuando abres por primera vez la web, te encuentras con una página de inicio que resalta solo algunos de los muchos espectáculos disponibles. La página de inicio de Netflix es como una bifurcación en la carretera, pero en lugar elegir solo entre dos caminos, tienes miles para escoger. Algunos de esos caminos serán de tu agrado, otros, simplemente te entretendrán, y quizá otros, te enseñen algo útil.

Elegir dónde centrar nuestra atención funciona de un modo similar. En este momento, estás absorto en este libro. Pero si levantas la vista de esta página o de tu pantalla, comprobarás que puedes encontrar miles de alternativas para tu atención. Algunas son más significativas y productivas que otras. Es probable que enfocarse en este libro sea más productivo que mirar tu móvil, la pared o escuchar la música de fondo. Si desayunas con un amigo, prestarle toda la atención es infinitamente más gratificante que ver los momentos más destacados del fútbol de la noche anterior.

Cuando te das cuenta de la cantidad de distracciones potenciales que se encuentran a tu alrededor, puede parecerte que el número de opciones es realmente abrumador. Todo ello, sin tener en cuenta las ideas, los recuerdos y las trivialidades de tu propia cabeza.

Este es el problema de gestionar nuestra atención con el piloto automático. Los estímulos que más captan tu atención a tu alrededor raras veces son los más importantes. Por ello es tan fundamental apagar el piloto automático. **Dirigir tu atención hacia el objeto más importante de tu elección —y mantenerla en el tiempo— será la decisión más significativa que tomarás a lo largo del día. Somos aquello a lo que prestamos atención.**

Para hacerse una idea de todas las cosas que compiten por nuestra atención, es útil dividir nuestras tareas en distintas categorías. Más adelante trataremos el enfoque en el ámbito laboral, pero estas cuatro reglas que siguen no se limitan a un ámbito en concreto, pueden ser útiles para tu vida diaria.

Existen dos criterios principales a tener en cuenta para valorar lo que atrae nuestra atención: el primero, si es una tarea productiva o improductiva, y el segundo, si es divertida o aburrida.

En breve haré referencia al siguiente recuadro, así que analicemos detalladamente cada uno de los cuatro tipos de tareas.

CUATRO TIPOS DE TAREAS

	ABURRIDAS	DIVERTIDAS
PRODUCTIVAS	Tareas necesarias	Tareas con un propósito
IMPRODUCTIVAS	Tareas superfluas	Tareas entretenidas

Las **tareas necesarias** son labores poco atractivas o estimulantes, pero son altamente productivas. Las reuniones de equipo y las llamadas para consultar los presupuestos trimestrales entran en este grupo. Por lo común, debemos hacer un pequeño esfuerzo para abordar este tipo de labores.

Las **tareas superfluas** se componen de labores que son improductivas y aburridas, como reorganizar tu escritorio o los archivos de tu ordenador. Normalmente, no nos preocupamos por estas tareas a no ser que estemos posponiendo algo, o nos estemos resistiendo a una tarea que cae dentro de las categorías de tareas necesarias o de tareas con un propósito. Dedicar tiempo a hacer trabajos innecesarios nos mantiene ocupados, pero esa ocupación es solo una forma de indolencia activa cuando no conduce a ningún logro.

Las **tareas entretenidas** son labores estimulantes, pero poco productivas. Son las responsables de que dejemos de lado las tareas necesarias. Incluyen el uso de las redes sociales y la mayoría de las conversaciones a través de mensajes instantáneos, las visitas a sitios web de noticias, los chismorreos de oficina y cualquier otra forma de distracción que no produzca ningún rendimiento.

El último tipo de tareas son las que tienen un propósito; son el punto fuerte de la productividad. Estas son las tareas que dan sentido a nuestra vida, con las que estamos más comprometidos; son con las que logramos un mayor impacto. Muy pocas tareas caben en este apartado, la mayoría de la gente con la que me he cruzado tiene tres o cuatro a lo sumo. Lograr buenos resultados en estas labores normalmente exige más dedicación, y a menudo las realizamos mejor que las demás personas. Por ejemplo, los propósitos de un actor podrían ser ensayar y actuar; los de un asesor financiero podrían ser las inversiones, reunirse con los clientes e informarse bien de las tendencias de la industria; y los de un gran investigador, diseñar y realizar estudios, y reunir el apoyo necesario para sacar adelante los proyectos. Mis tareas más importantes son escribir libros y artículos en blogs, analizar los estudios más actuales para encontrar ideas nuevas, y difundir lo que he aprendido. Por otro lado, este ámbito no se limita a la vida laboral. En tu vida personal, las tareas con un propósito pueden ser pasar tiempo con la familia, dedicar tiempo a tus inquietudes o proyectos, o apuntarte como voluntario en una organización benéfica local.

Una persona completamente productiva tan solo dedicaría su atención a dos cuadrantes del recuadro anterior. Pero si las cosas fueran así de sencillas, no necesitarías este libro. Como habrás notado, mantenerse involucrado dentro de los límites de las tareas necesarias y con propósito no resulta nada fácil. A diario, las tareas de los cuatro cuadrantes compiten para ganarse nuestra atención. Si llevamos puesto el piloto automático, podemos quedar atrapados en las tareas superfluas o entretenidas, dejando desatendidas las tareas necesarias hasta que se acerque de forma amenazadora alguna fecha de entrega.

Cuando apliqué las reflexiones de este libro a mi vida, me di cuenta de algo increíble: a medida que iban pasando los días, empecé a reducir el tiempo que dedicaba a funcionar con el piloto automático y pude dedicar más tiempo a realizar las tareas necesarias y que de verdad me importaban. Cuando logres gestionar mejor tu atención, seguro que lograrás los mismos resultados.

Un consejo rápido para mejorar tu productividad: Clasifica las actividades de tu trabajo según el recuadro anterior. Este simple ejercicio te permitirá tomar conciencia de lo que es realmente importante en tu trabajo. Como en el futuro haré referencia a este recuadro varias veces, tener ordenadas tus actividades del trabajo será útil a medida que avances en el libro.

LOS LÍMITES DE TU ATENCIÓN

«Sin interés selectivo, la experiencia es un caos total.»

William James

«Tu enfoque determina tu realidad.»

*Qui-Gon Jinn, La guerra de las galaxias:
La amenaza fantasma*

LAS FRONTERAS DE TU ATENCIÓN

Nuestra atención es la herramienta más poderosa que tenemos para obrar bien y tener una buena vida, pero nuestra habilidad para enfocarnos es cautiva de dos fuerzas determinantes.

La primera es que **existe un número limitado de cosas a las que podemos prestar atención**. Este límite es más reducido de lo que crees. Si pudiéramos enfocarnos en más tareas simultáneamente, seríamos capaces de realizar cosas asombrosas como memorizar el teléfono de un amigo mientras tocamos el piano, o llevar dos conversaciones a la vez mientras respondemos un correo electrónico desde nuestro teléfono. Siendo realistas, podemos hacer bien, como máximo, una o dos de estas tareas a la vez.

Nuestro entorno envía un flujo constante de información a nuestro cerebro de forma permanente. Piensa en las señales, los sonidos y toda la información que estás recibiendo en este preciso instante, y te darás cuenta de que el número de elementos a los que puedes dirigir tu atención es prácticamente infinito. Timothy Wilson, profesor de psicología en la Universidad de Virginia, estima que el cerebro humano recibe once millones de bits de información por segundo[1] en forma de experiencias sensoriales.

Pero ¿cuántos de esos millones de bits puede atender y procesar nuestra mente al mismo tiempo? *Cuarenta*. No cuarenta *millones* o cuarenta *mil*. Solo cuarenta.

Estar enfocado en algo en particular es igual de complejo que tratar de sorber un hilillo de agua de una manguera a presión: la potencia y el caudal pueden ahogarnos. Por ejemplo, una conversación corriente consume la mayoría de nuestra capacidad de recepción, por ello somos incapaces de llevar dos conversaciones a la vez. Según el prestigioso psicólogo Mihaly Csikszentmihalyi, *descodificar* una conversación (es decir, entenderla) consume más de la mitad de nuestra atención[2]. Pero además de interpretar las palabras de una persona, debes analizar el significado que se esconde detrás de lo que están diciendo. Mientras estás hablando con alguien, hay innumerables lugares a los que dirigir tu atención restante: el trabajo pendiente, pensamientos aleatorios, el cuadro colgado detrás de tu interlocutor, el timbre de su voz o lo que vas a responderle. Sin embargo, la mejor forma de aprovechar esos bits residuales será dedicarlos a extraer el significado de lo que te está diciendo.

La segunda limitación que presenta nuestra capacidad de atención es que, **después de enfocarnos en algo, tan solo podemos**

almacenar una pequeña cantidad de información en nuestra memoria a corto plazo. La habilidad de retener temporalmente la información —por poca que sea— en nuestra mente es prácticamente un superpoder: nos permite pensar en lo que estamos haciendo a medida que lo hacemos, tanto si implica tareas de resolución de problemas (llevar los dígitos al hacer cálculos) como si supone planificar el futuro (preparar la mejor secuencia de ejercicios en el gimnasio). Sin esta pequeña agenda mental temporal, reaccionaríamos azarosamente a cualquier estímulo que ocurriera en el mundo exterior.

Cuando se trata de almacenar información en nuestra memoria temporal, el increíble número de bits que nuestra mente es capaz de gestionar desciende de cuarenta a *cuatro*. Compruébalo tú mismo, intenta memorizar la siguiente lista de nombres y escríbelos a continuación:

- Ardyn
- Rick
- Ryan
- Lucinda
- Luise
- Martin
- Kelsea
- Sinisa
- Dwight
- Bryce

En el ejercicio anterior, cuando se le pide a la gente que memorice rápidamente los nombres de la lista, algunos recuerdan tres nombres, otros recuerdan cinco, seis, o incluso siete. Sin embargo, el promedio es de cuatro[3].

Para acordarnos de las pequeñas cosas de la vida cotidiana, podemos usar el concepto de «conectar trozos de información» entre sí. Por ejemplo, esta mañana, estaba escuchando un audiolibro mientras realizaba la compra. Necesitaba adquirir tres productos: apio, hummus y galletas saladas. Cuando entré en el supermercado, visualicé un triángulo con la localización de cada producto en cada una de las aristas. En vez de esforzarme por recordar mi lista de la compra, tan solo debía seguir la geometría del triángulo. Visualizar una comida que llevara los mismos tres ingredientes también habría funcionado, y probablemente era una idea mejor.

En este contexto, el número cuatro hace referencia a los *trozos* de información independientes. Por ejemplo, si encuentras una forma de conectar los nombres entre sí (visualizar amigos que se llamen igual que los nombres de la lista), serás capaz de procesarlos más rápidamente. En mi caso, puedo acordarme de los diez nombres y aún tengo espacio para alguno más. No soy un genio, este es mi truco: para crear la lista, he escogido los nombres de las diez personas a las que he mandado más correos electrónicos esta semana. Esta conexión ha facilitado que mi memoria pudiera recordarlos.

Por lo general, nuestra memoria es capaz de retener siete trozos de información independiente a corto plazo. No debes mirar muy lejos para darte cuenta de cómo organizamos la información en unidades mentalmente ordenadas. Empieza por el número dos: en la cultura pop existen innumerables ejemplos que muestran el poder de la pareja como trozo de información independiente. Podemos retener fácilmente combinaciones de dos elementos como: Batman y Robin, Thelma y Louise o Calvin y Hobbes. El número tres también encaja perfectamente con nuestras capacidades: por ejemplo, se otorgan tres medallas olímpicas (oro, plata y bronce) y hemos crecido con historias como *Los tres cerditos* o *Los tres mosqueteros*. La lista no acaba aquí. Dividimos las historias en tres partes (inicio, nudo y desenlace) y no dejamos de usar constantemente refranes como «A la tercera va la vencida» o «Buscar tres pies al gato». También somos capaces de agrupar información en grupos de cuatro (las cuatro estaciones), de cinco (los cinco sentidos), de seis (las seis caras del dado) y hasta de siete (los pecados capitales, las maravillas del mundo o los días de la semana). Es más, hasta la mayoría de los números de teléfono entran dentro de nuestro límite de atención: un grupo de tres números (tal vez cuatro si estás en Reino Unido) seguido de tres parejas o dos tercetos para que nuestra memoria pueda retenerlos.

CONOCE TU ESPACIO DE ATENCIÓN

El «espacio de atención» es el término que uso para describir el espacio mental disponible en nuestro cerebro para enfocarse y procesar un elemento en un instante determinado. Nuestro espacio de atención es la medida de lo conscientes que estamos en cualquier momento: es el bloc de notas o el portapapeles que usamos para almacenar temporalmente la información que está siendo procesada. La capacidad de atención nos permite almacenar, manipular y conectar la información simultáneamente y sobre la marcha. Cuando elegimos poner la atención en algo, la información que recabamos ocupa nuestra memoria a corto plazo, y la capacidad de atención se asegura de que no se pierda para que podamos seguir trabajando con ella. De este modo, nuestro espacio de atención y nuestro enfoque son los responsables de la mayoría de nuestras experiencias conscientes[4]. Si tu cerebro fuera un ordenador, tu espacio de atención sería la RAM. (En lenguaje técnico, los investigadores se refieren a esta capacidad como nuestra «memoria de trabajo», y al tamaño de este espacio como «capacidad de memoria de trabajo»).*

El espacio de atención será un tema que trataremos en profundidad a lo largo del libro. Dadas sus condiciones —es limitado y puede retener muy poca información de forma simultánea—, es de vital importancia aprender a gestionarlo correctamente. Cuando estamos divagando o no estamos enfocados en nada en particular, estamos usando este espacio. Cuando estamos inmersos en una conversación, estamos usando este espacio —por lo menos cuando es estimulante—. Si estamos atentos a un vídeo mientras cocinamos, seguimos utilizando todo nuestro espacio de atención. Cuando recuperamos una memoria o un suceso de nuestra memoria a largo plazo (como el aniversario de un amigo o el título de una canción), de nuevo, la información se almacena temporalmente en nuestro espacio de atención para que podamos usarla cuando la necesitemos[5].

---

* Un ordenador o un teléfono móvil con más memoria RAM puede trabajar con más rapidez porque puede almacenar más información. Pero una memoria RAM elevada consume energía de tu batería —especialmente en los teléfonos móviles—. Recientemente, Apple ha renunciado a aumentar la memoria RAM de sus iPhones por esta misma razón. Como la memoria RAM se mantiene activa constantemente, su actividad consume grandes cantidades de energía. Nuestra capacidad de atención puede estar limitada por la misma razón. Algunos científicos defienden que aumentar nuestra capacidad de atención habría significado un coste biológico demasiado elevado para el funcionamiento de nuestro cerebro —consumiría demasiada energía, necesaria para otras labores—. Además, durante los últimos 2.5 millones de años, nuestras tareas diarias no eran tan complejas como las que se nos presentan en la actualidad. Nuestro cerebro ya consume suficiente energía. A pesar de que tan solo significa un 2 o 3 por ciento de la masa de nuestro cuerpo, exige el 20 por ciento de las calorías que consumimos. El hecho de que la capacidad de nuestro cerebro estuviera limitada en este sentido nos permitió conservar una energía determinante que ayudó a aumentar nuestras posibilidades de supervivencia[6].

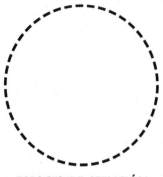

ESPACIO DE ATENCIÓN

El espacio de atención contiene todo de lo que eres consciente en este preciso instante: es la totalidad de tu mundo consciente.

Por ejemplo, me fascina observar cómo una lectura es capaz de reclamar todo nuestro espacio de atención. Si estás prestando atención a estas páginas, no te quedará espacio de atención para atender otras tareas. Del mismo modo que no puedes mandar mensajes de texto mientras conduces, no puedes hacer otras tareas mientras lees —son tareas que requieren demasiada concentración para que puedas preocuparte por otras cosas—. En el mejor de los casos, podrás beber un poco de café mientras lees, pero es muy probable que se enfríe o acabe derramado por las páginas del libro si estás muy enfrascado en la lectura.

Mientras lees, tu cerebro trabaja laboriosamente para que los bits de información en bruto que percibes se conviertan en hechos, historias y lecciones que puedas recordar e interiorizar. Después de que tus ojos reciban las ondas de luz que provienen de esta página, tu mente se encarga de generar palabras con ellas. Estas palabras ocuparán provisionalmente tu espacio de atención. Más adelante, empezarás a conectar las palabras para formar cláusulas y unidades sintácticas, que son la base para construir las oraciones. Finalmente, tu cerebro —gracias al uso de tu espacio de atención— agrupará las combinaciones de palabras en ideas para que puedas extraer un sentido más elevado de su significado.

La estructura de las oraciones puede frenar o acelerar la velocidad de este proceso, es decir, repercute directamente en tu ritmo de lectura. Como prácticamente nadie combina muchos grupos de información en conjuntos de más de siete unidades, los libros están adecuados a nuestro limitado espacio de atención. Las oraciones tienen una longitud determinada y están puntuadas con comas, puntos y guiones. Según un estudio, el instante que nos tomamos entre una frase y otra es el momento donde nuestro espacio de atención «deja de recopilar información para que todo lo que ha ido almacenando se deposite en nuestra memoria a corto plazo[7]».

Tu atención está constantemente sincronizada con lo que estás leyendo o haciendo. He aquí un ejemplo interesante: tus *parpadeos* están coordinados con el objeto de tu atención. Por lo común, parpadeas quince veces por minuto, pero mantener este ritmo natural rompe la intensidad de tu enfoque —como cuando lees una frase entera, hablas con alguien o esperas los instantes de descanso de un vídeo[8]—. El ritmo de tu parpadeo es automático: lo único que debes hacer para que se adapte al ritmo de lo que haces es enfocarte en ello. No te preocupes, el cerebro se ocupa de todo[9].

¿QUÉ OCUPA TU ESPACIO DE ATENCIÓN?

Hagamos un reconocimiento rápido. ¿Qué ocupa tu espacio de atención? En otras palabras, ¿en qué estás pensando?

¿La lectura de este libro y tus reflexiones consumen el ciento por ciento de tu espacio de atención? Si es así, asimilarás el libro más rápido y mejor. ¿Quieres dedicar un tercio de tu atención al teléfono móvil que se encuentra a tu lado? ¿Estás pensando en lo que harás cuando termines de leer este capítulo o en algún otro asunto que te preocupa? ¿De dónde provienen estas preocupaciones o ansiedades? ¿De la nada?

Dirigir tu mirada mental hacia lo que ocupa tu espacio de atención puede ser un ejercicio extraño. Pocas veces somos conscientes de lo que ha atraído nuestra atención. La verdad es que la mayor parte del tiempo lo pasamos totalmente inmersos en lo que estamos experimentando. Hay un término para este proceso: metaconciencia. Ser consciente de lo que estás pensando es uno de los mejores ejercicios para gestionar tu atención. Cuanto antes te des cuenta de lo que interrumpe y ocupa tu espacio de atención, más rápido podrás regresar a lo que te interesa de verdad cuando tu mente empiece a divagar —que es lo que en general hace un *47 por ciento* de nuestro tiempo[10]—.

No importa si estás escribiendo un correo electrónico, haciendo una videoconferencia, mirando la televisión o cenando con la familia, la realidad es que la mitad de tu tiempo y atención están enfocados principalmente en algo que *no* tienes delante de ti; tu mente siempre anda perdida en el pasado o barruntando el futuro. Eso es mucho tiempo y mucha atención para desperdiciar. Aunque en ocasiones puede ser muy valioso dejar que tu mente se disperse, la mayoría de las veces haríamos mejor en enfocarnos en el presente.

En esencia el *mindfulness* es darte cuenta de lo que ocupa tu mente: saber lo que piensas o sientes en cualquier momento dado. Además, el *mindfulness* introduce un nuevo valor a la ecuación: no juzgar los pensamientos. Cuando tomas conciencia de lo que ocupa tu mente, puedes darte cuenta de que no todos tus pensamientos son agradables o valiosos; pero lo que circula por tu cabeza no tiene por qué ser real, como tampoco lo son las ideas negativas que se aferran a tu mente. Es algo más habitual de lo que crees; así que no deberías preocuparte en exceso. Como afirma David Cain, uno de mis escritores favoritos: «Todos los pensamientos quieren ser tomados en serio, pero muy pocos lo merecen».

Se ha demostrado que el simple hecho de tomar conciencia de lo que ocupa nuestra mente aumenta nuestra productividad. A los participantes de un estudio se les pidió que leyeran una novela policial y trataran de resolver el crimen. Se trataba de comparar el poder deductivo de los lectores que dejaban vagar su mente *sin* ser conscientes de ello con los que eran *conscientes* de sus desvaríos. Los resultados fueron asombrosos: los índices de éxito en la resolución del caso fueron sustancialmente más altos en el grupo que era consciente de las divagaciones de su mente[11]. A la hora de realizar cualquier tarea, rendimos mucho mejor si somos conscientes de lo que nuestra mente está pensando[12].

Si prestas atención a lo que hay en tu mente —lo que es extremadamente difícil de conseguir durante más de un minuto— te darás cuenta de que lo que ocupa tu espacio de atención cambia de manera constante. Entenderás que funciona como un bloc de notas en el que puedes registrar pensamientos, tareas, conversaciones, proyectos, ensoñaciones, videoconferencias y cualquier tipo de información que está de paso. Observarás cómo tu espacio de atención se expande y se encoge en relación con tu estado de ánimo. La atención en cualquier objeto es tan fugaz como la manera en la que ha aparecido: por lo general, sin darte cuenta. A pesar de todo el poder que ostenta, el contenido de tu espacio de atención es efímero; es una memoria que quedará obsoleta en apenas diez segundos[13].

TAREAS QUE ENCAJAN BIEN

Entonces ¿qué es exactamente lo que encaja cómodamente dentro de nuestro espacio de atención?

Las tareas requieren diferentes espacios de atención según su complejidad. Una conversación significativa (a diferencia de una conversación casual) ocupa gran parte de nuestra capacidad, si no toda. Por ello, la conversación se verá afectada si tratamos de incluir cualquier otro tipo de información: por ejemplo, si dejas el teléfono sobre la mesa durante la conversación, es muy probable que te distraigas cuando recibas cualquier mensaje de texto.

No todas las tareas requieren todo nuestro espacio de atención. En nuestro día a día existen dos tipos de tareas: los hábitos, los cuales podemos realizar con el piloto automático, y las tareas complejas, que solo pueden llevarse a cabo correctamente si nos enfocamos en ellas. Muchos expertos defienden la idea de que no somos capaces de realizar varias tareas a la vez, lo cual es cierto en las tareas que requieren de toda nuestra atención y que ocupan una gran parte de todo nuestro espacio de atención. Pero no ocurre lo mismo con los hábitos; en realidad somos capaces de desenvolvernos *sorprendentemente bien* realizando varias rutinas a la vez. A pesar de que no podemos participar en dos conversaciones al mismo tiempo, somos capaces de andar, respirar y mascar chicle mientras escuchamos un audiolibro.

Las rutinas o las tareas habituales, como recortarte las uñas, hacer la colada, archivar los correos electrónicos que has leído o hacer la compra, no requieren que les prestes tanta atención como demandan las tareas complejas. Esto garantiza que seas capaz de realizarlas simultáneamente sin comprometer la calidad de tus labores. En mi caso, los domingos me gusta tomarme un tiempo para realizar mis «rutinas de mantenimiento» (tareas que me recuerdan quién soy, como preparar la comida, recortarme las uñas o limpiar la casa) mientras escucho algún *podcast* o audiolibro. Es uno de mis rituales de la semana preferidos. En realidad, puedes hacer lo mismo en tu trayecto de ida y vuelta del trabajo: si escuchas un audiolibro durante esta rutina —el trayecto puede durar una hora—, podrás incrementar el número de libros utilizando la atención que liberan tus hábitos.

Los hábitos usan muy poco espacio de nuestra capacidad de atención porque, una vez están en marcha, requieren muy poca

concentración. Como me dijo el neurocientífico cognitivo Stanis-
las Dehaene, autor de *La conciencia en el cerebro*: «Tocar el piano,
vestirse, lavarse o conducir por una ruta habitual son tareas tan
automatizadas que no parecen evitar la aparición de pensamientos conscientes». Dehaene asegura que, si bien es cierto que estos
hábitos requieren una *iniciación* consciente a cierto nivel, una
vez están en marcha son capaces de mantenerse por sí mismos.
Quizá, en algún momento deberemos tomar una decisión consciente (como cuando elegimos qué ponernos para ir a trabajar,
pero tenemos la ropa en la lavadora), pero después de estas breves
intervenciones, podremos regresar a la secuencia normal de nuestros hábitos sin demasiado esfuerzo. Dehaene considera que estos
procesos están «presuntamente alimentados por la actividad de la
propia secuencia» en el cerebro. Es más, este incluso parece poner
de su parte cuando tratamos de realizar varias tareas rutinarias
al mismo tiempo. Para que podamos hacer frente a las distintas
tareas a la vez, redirige el flujo sanguíneo de la corteza prefrontal
—el centro lógico del cerebro— a los ganglios basales.

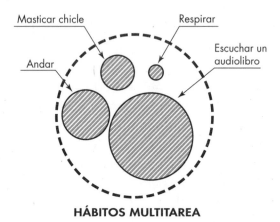

HÁBITOS MULTITAREA

Nuestro espacio de atención puede procesar mejor el trabajo si las
tareas que estamos realizando no están relacionadas: por ejemplo,

doblar y guardar la ropa mientras hablamos por el teléfono. Estas actividades demandan el uso de distintos sentidos: doblar y guardar la ropa requiere el uso del sistema motor y el sentido de la vista, y la llamada telefónica emplea el sentido del oído. En este caso se usan distintas áreas del cerebro para procesar todas las actividades. Las tareas no compiten entre ellas por los mismos recursos[14]. Pero hay un punto de inflexión en nuestro espacio de atención: realizar simultáneamente demasiadas rutinas comprometerá el espacio de atención disponible. Esto es particularmente cierto cuando las actividades que estamos llevando a cabo no son totalmente automáticas y necesitan una intervención mental frecuente. En resumen: el número de tareas habituales que puede soportar nuestro espacio de atención es mucho mayor que el número de tareas exigentes.

Las tareas que *no* podemos hacer con el piloto automático, como leer un libro, mantener una conversación profunda o preparar un informe para nuestro jefe, consumen mucho más espacio de nuestra capacidad de atención; su desarrollo exige que manipulemos conscientemente la información sobre la marcha. Si tratáramos de mantener una conversación con nuestra pareja con una actitud rutinaria, probablemente no la procesaríamos ni la recordaríamos correctamente, además, aparecerían constantemente afirmaciones como «Sí, querida».

Si has clasificado tus tareas laborales entre las cuatro categorías que describí en el capítulo 1 —un ejercicio que recomiendo tomarse en serio porque saldrá habitualmente durante la lectura del libro—, habrás notado que las tareas más necesarias y con algún propósito no puedes hacerlas como si fueran una rutina.* Precisamente, por ello son tareas más productivas. Logras mejores

---

* Si puedes realizar tus tareas más productivas de una forma rutinaria, es una señal de que, probablemente, deberías delegarlas en otra persona, eliminarlas por completo o hacer un esfuerzo consciente para dedicarles menos tiempo y atención.

resultados porque necesitan más enfoque y unas habilidades mentales únicas. Todo el mundo es capaz de realizar trabajos sin importancia de forma rutinaria. Esta es una de las razones por las las que las tareas que consiguen distraer nuestra atención tienen un alto costo en términos de tiempo y productividad: se nos presentan como divertidas y estimulantes (como conectarse a Netflix después de un duro día en la oficina), pero se apropian de nuestro tiempo productivo de trabajo.

Invertir tiempo en las tareas más productivas significa que generalmente nos queda muy poca atención –si acaso nos queda.

A diferencia de las labores rutinarias, no podemos llevar a cabo dos actividades complejas al mismo tiempo. Ten presente que solo somos capaces de gestionar cuarenta bits de información, y una tarea compleja por sí misma ya consume la mayoría de ellos. Puesto que incluso las tareas moderadamente complejas consumen la mayor parte de nuestra atención, en el *mejor* de los casos seremos capaces de combinar una rutina con una tarea más compleja.

No hay una manera precisa de calcular cuánto espacio de atención consume una tarea: por ejemplo, conducir exige mucha menos

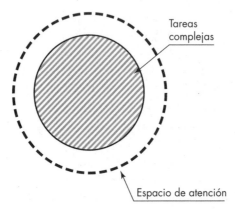

Tareas complejas

Espacio de atención

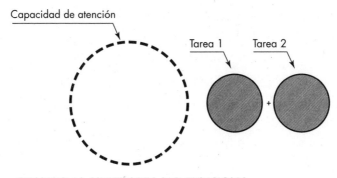

CUANDO LA MULTITAREA NO FUNCIONA

atención si eres un conductor experto que si eres un conductor novel. Eres mucho más eficiente relacionando trozos de información cuando tienes experiencia previa en una tarea. Otra variable para tener en cuenta es el tamaño de tu espacio de atención, diferente en todos y cada uno de nosotros.

En resumen, existen tres combinaciones de tareas para que tu espacio de atención no se vea desbordado.

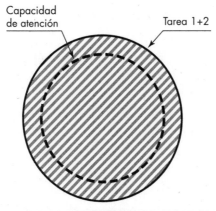

CUANDO LA MULTITAREA NO FUNCIONA

1. PEQUEÑAS RUTINAS

No existe ningún tipo de impedimento para que podamos correr, respirar, controlar nuestro ritmo cardíaco y disfrutar de nuestra música preferida al mismo tiempo. Como se ha mencionado anteriormente, este tipo de hábitos solo requieren atención cuando empiezas a ejecutarlos y cuando debes intervenir para sortear algún tipo de imprevisto (por ejemplo, si estamos escuchando música y decidimos *cambiar* la canción).

2. UNA TAREA QUE NECESITE GRAN PARTE DE NUESTRA ATENCIÓN MÁS UNA RUTINA

Nuestro espacio de atención es poderoso pero muy limitado. En el mejor de los casos, podemos realizar una rutina pequeña mientras llevamos a cabo una actividad compleja que exige nuestra atención. Dos ejemplos: escuchar un *podcast* o un audiolibro mientras nos acicalamos por la mañana, o jugar a un videojuego simple y repetitivo mientras escuchamos un audiolibro.

Abarrotar el resto de tu espacio de atención con rutinas sin propósito no es la mejor forma de usar la atención sobrante. Así pues, evita que tu capacidad de atención llegue a su límite.

3. UNA TAREA COMPLEJA

Tus tareas más productivas —las que te permiten alcanzar un rendimiento superior por cada minuto que inviertes— son las que entran en esta categoría. Cuanto más tiempo y atención les dediques, más productiva será su ejecución.

La cantidad de espacio de atención que consumen tus tareas depende y varía en cada ocasión. Por ejemplo, en una reunión con tu jefe tu espacio de atención se va encogiendo y expandiendo rítmicamente para adaptarse al contenido de la conversación, permitiendo así que tu mente se disperse pero que se focalice en la conversación cuando esta es más compleja. En una reunión de equipo, en apenas un instante, puedes pasar de una postura pasiva como observador a otra en la que debes pasar cuentas del estado de los proyectos.

Ahorrar un pequeño sobrante de tu capacidad de atención durante el desarrollo de las tareas complejas tiene dos ventajas.

En primer lugar, te deja un pequeño margen de reflexión para analizar la evolución de la tarea y pensar cuál es la mejor estrategia para llevarla a cabo. Si optas por mantener un pequeño margen de atención, podrás encontrar ideas que no tendrías si hubieras llenado tu atención hasta el límite (como darte cuenta de que es más útil para todos entrar de lleno en la discusión de un proyecto, en vez de empezar con una aburrida presentación de este).

Dejar cierto margen de maniobra te permite ser consciente de la situación en la que te encuentras y dirigir tus esfuerzos hacia donde sea necesario. Esto significa que podrás redirigir tu mente más fácilmente cuando empiece a divagar, y al mismo tiempo te permitirá tener cierto espacio de reserva que podrás aprovechar si de repente la tarea se vuelve más compleja.

SOBRECARGA DE ATENCIÓN

Elegir la cantidad adecuada y el tipo correcto de tareas que puede soportar tu espacio de atención es tanto un arte como una gran inversión. Pero los costes de saturarlo pueden ser muy severos.

¿Alguna vez te ha ocurrido que al entrar en la cocina o en el comedor te has dado cuenta de que has olvidado por completo el motivo por el cual te dirigías ahí? Sí es así, probablemente tu mente estaría saturada. Cuando tratas de embutir demasiadas cosas dentro de tu espacio de atención (el programa de televisión que se oye de fondo, pensamientos recurrentes o la página de IMDb que acabas de leer) y no queda suficiente espacio, lo más probable es que olvides el propósito de lo que estás haciendo.

Lo mismo ocurre cuando tu mente está enfrascada en los problemas del trabajo mientras estás conduciendo de vuelta a casa. En esta situación, tu mente está completamente saturada: intenta entender e interpretar el programa de entrevistas en la radio mientras le da vueltas a lo que ha ocurrido en la oficina. Todo eso, sin dejar de lado las múltiples rutinas que se activan para conducir de regreso a casa. Si tenías planeado comprar el pan antes de llegar a casa, las probabilidades de que esta simple intención logre entrar en tu espacio de atención son remotas. Llegarás a casa abrumado, y seguramente pasarás por alto que no has comprado el pan hasta la mañana siguiente, cuando lo necesites.

Debemos trabajar con intención. Esto es particularmente necesario cuando tenemos muchas cosas que hacer, pero muy poco tiempo para realizarlas. La intención nos permite priorizar nuestras acciones para que no sobrecarguemos nuestro espacio de atención. Además, priorizar de manera intencionada nos proporciona más tranquilidad: del mismo modo que tras comer en exceso tu cuerpo experimenta esa incómoda sensación de pesadez, si llenas tu espacio de atención con demasiadas tareas, es probable que tu mente se siente un poco agobiada.

En todo momento, tu espacio de atención debe ser capaz de retener como máximo dos elementos clave: lo que pretendes hacer y lo que estás haciendo. Esto no es posible mantenerlo durante todo el tiempo —especialmente cuando estás enfocado en una tarea—. Pero si eres realmente consciente de cuáles son tus intenciones, puedes estar seguro de que las tareas que estás tratando de sacar adelante son un objetivo que tenías en mente.

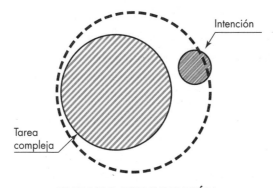

TRABAJAR CON INTENCIÓN

Si realizas el trabajo importante con el piloto automático, hay muchas posibilidades de que tu espacio de atención esté abarrotado. Si no das un paso atrás para poder gestionarlo correctamente, es posible que al final se vea desbordado. Fíjate en estos ejemplos:

- Cuidar y estar atento de tu bebé cuando haces la compra.
- Tratar de escribir un mensaje de texto mientras andas por la calle. Precisamente esta mañana he visto como un hombre se daba de bruces contra un buzón por no levantar la mirada del móvil.
- Rebobinar una película, un programa o un audiolibro porque alguien te ha interrumpido o simplemente te has distraído.
- Echar azúcar en vez de sal en alguna receta porque rumiabas otra cosa o estabas pendiente de la televisión.
- Irte del cine con retortijones en la barriga porque no te has dado cuenta de que has comido demasiadas palomitas.

Es probable que estas situaciones te sean familiares. Algunas son imposibles de eludir, porque la vida siempre nos ofrece sorpresas inesperadas. Pero la mayoría de ellas tienen fácil solución, y percatarse de que estás agobiado o saturado es una señal insoslayable de que deberías valorar lo que está ocupando tu espacio de atención. De hecho, lo más probable es que estés tratando de embutir demasiadas cosas a la vez.

La mejor manera de evitar una sobrecarga consiste en ser muy selectivo con lo que permites entrar en tu espacio de atención. Cuando regreses a casa en coche procura no encender la radio: esto te permitirá procesar mejor tu trabajo en la oficina y, además, dejarás espacio a tu mente para que se acuerde de comprar el pan. En casa, no enciendas el televisor o mantenlo en silencio para que no te distraiga mientras realizas otras tareas. Con estos pequeños cambios, lograrás que tu atención siga los pasos que marcan tus intenciones.

Simplificar el contenido de nuestro espacio de atención nos permite tener más margen para poder realizar el trabajo y para ser conscientes de lo que hacemos durante todo el día. Podremos invertir más tiempo en las tareas más productivas y significativas que nos interesan. El estado de tu espacio de atención determina el bienestar de tu vida. Cuando tu espacio de atención está sobrecargado, experimentas exactamente la misma sensación. Si se encuentra libre de preocupaciones, notarás como eres capaz de pensar más ágilmente. Tener cuidado del estado de tu espacio de atención te permite pensar con mucha más claridad.

Evaluación rápida: ¿Qué ocupa tu espacio de atención en este momento? Toma nota de todas las cosas que te pasan por la cabeza. Si te das cuenta de que está totalmente abarrotado, simplifícalo. Escribe en una hoja tus preocupaciones para que más tarde puedas lidiar con ellas y céntrate de nuevo en la lectura de este libro.

Simplificar nuestro espacio de atención puede parecer contrario a la intuición: cuando tenemos tanto que hacer, nuestro impulso instintivo es enfocarnos en tantas cosas como sea posible. A esto se suma el hecho de que la corteza prefrontal del cerebro —la mayor parte del cerebro anterior que nos permite planificar, pensar lógicamente y trabajar— está programada para mostrar una «preferencia hacia las novedades»[15]. Cada vez que cambiamos de tarea, nos recompensa con dopamina, ese increíble producto químico placentero que circula por nuestro cerebro cada vez que devoramos una pizza, logramos algo increíble o tomamos una o dos copas después del trabajo. Puede que hayas notado que instintivamente coges tu tablet cuando te sientas a ver la televisión, que no puedes resistirte a mantener tu correo electrónico abierto en otra ventana mientras trabajas, o que te sientes más reconfortado cuando tu teléfono está a tu lado. La búsqueda continua de estímulos novedosos nos recompensa con la *sensación* de que somos más productivos porque estamos más ocupados. Por desgracia, estar ocupado no significa que seas productivo o que estés más cerca de lograr tus objetivos.

La mayoría de los libros que tratan el bienestar de la mente tienen una sección que explica y detalla lo primitivas que son algunas áreas del cerebro; además, siempre destacan la importancia de aprender a renunciar a los impulsos que provienen de ellas. Este libro no es una excepción. Por desgracia, el cerebro no está programado para realizar trabajos de reflexión o conocimiento; está programado para sobrevivir y multiplicarse. Hemos evolucionado para desear las cosas que nos proporcionan dopamina, lo que refuerza nuestros hábitos y comportamientos que, históricamente, han aumentado nuestras oportunidades de supervivencia. El cerebro nos suministra una dosis de dopamina después de practicar sexo como método de recompensa por reproducirnos. Hace lo propio cuando consumimos azúcar, que es altamente energético y nos permite sobrevivir más tiempo con menos alimentos —lo que resultaba muy útil al principio de nuestra evolución, cuando las condiciones no eran tan propicias como lo son hoy en día—.

Por desgracia, el cerebro también nos recompensa cuando gestionamos mal nuestra atención, porque para nuestros antepasados primitivos, buscar nuevas amenazas en el entorno aumentaba sus posibilidades de supervivencia. En vez de estar enfocados en mantener el fuego, nuestros ancestros estaban constantemente buscando peligros potenciales a su alrededor para que ninguna alimaña no les atacara por la espalda. Si esta estrategia no era la más efectiva para mantener un fuego, al menos los mantenía con vida un día más (¡ya podrían encender otro fuego!).

En la actualidad, las alimañas nocturnas más cercanas se encuentran en el zoo, y el comportamiento que beneficiaba su detección ahora trabaja en nuestra contra. Los dispositivos que usamos (el televisor, la tablet o el teléfono inteligente) son infinitamente más estimulantes que las tareas productivas o significativas a las que deberíamos estar prestando más atención; como no hay ningún depredador al acecho, ahora estamos pendientes de nuestros dispositivos electrónicos.

Después de años de investigación, he reparado en que la «productividad» se ha convertido en un término un poco confuso. Por lo común, se considera una condición fría y corporativa que está centrada excesivamente en la eficiencia. Personalmente, prefiero una definición distinta (y más amigable): la productividad significa lograr nuestros propósitos. Si nuestro propósito de hoy consiste en escribir tres mil palabras, hacer una presentación con nuestro equipo de liderazgo y ponerse al día con el correo electrónico, lograrlo será un éxito total: habremos sido tremendamente productivos. Así mismo, si nuestro propósito es tener un día de descanso, y logramos desconectar y no pensar en el trabajo, entonces, también habremos sido perfectamente productivos. Estar *ocupados* no significa ser productivos. No importa lo ocupados que estemos si las actividades que realizamos no nos permiten alcanzar ningún propósito. La productividad no consiste en abarrotar de tareas nuestro día a día, sino en hacer *lo correcto* en cada momento.

LOS COSTES SE VAN SUMANDO

Vale la pena recordar que **no hay nada intrínsecamente malo en la multitarea**. Es posible realizar varias tareas a la vez; en especial cuando se trata de labores rutinarias. Pero es importante destacar la diferencia entre cambiar nuestro foco de atención y la multitarea. La multitarea significa enfocarse en más de una cosa a la vez en un mismo espacio de tiempo. Por el contrario, cambiar nuestro foco de atención es el desplazamiento de nuestra atención (o nuestro espacio de atención) de una tarea a otra. Cambiar la atención a lo largo del día es necesario; si nos centráramos en una sola cosa —sea cual sea su importancia—, probablemente no podríamos sobrevivir. Sin embargo, cambiar la atención de lugar demasiado a menudo puede ser peligroso, en particular cuando estamos rodeados de objetos nuevos y distracciones que nuestro cerebro no es capaz de manejar.

El precio que debes pagar por sobrecargar tu atención es quedar atrapado en el piloto automático, pero esa no es la única penitencia. Para empezar, sobrecargar tu espacio de atención afecta directamente tu memoria. Quizá te has dado cuenta de que cuando ves la televisión o una película con tu teléfono móvil al lado, te acuerdas de muchas menos cosas de las que ocurrían. De hecho, un día me di cuenta de que, a medida que iba acumulando dispositivos electrónicos en mi vida, iba perdiendo memoria para acordarme de las cosas que necesitaba. La tecnología sabe muy bien cómo abarrotar hasta los bordes nuestro espacio de atención. Sin duda, esto no nos permite recordar un sinfín de cosas, porque nuestro cerebro solo codifica los estímulos en la memoria cuando les hemos prestado la atención suficiente[16].*

Cuando permitimos que nuestro espacio de atención haga malabarismos con demasiadas tareas, somos incapaces de acordarnos de los detalles más importantes. Cuando realizamos demasiadas labores al mismo tiempo, podemos llegar hasta el extremo de procesar el trabajo con *una parte completamente diferente de nuestro cerebro*. Como Russell Poldrack, profesor de psicología en Stanford, me explicó: «Cuando aprendemos algo mientras realizamos varias cosas al mismo tiempo, nuestro cerebro recurre a los ganglios basales, el sistema del cerebro que se encarga de aprender las habilidades y los hábitos». Sin embargo, «cuando codificamos la información estando enfocados, el cerebro busca la ayuda del hipocampo, que es el que se encarga de almacenar y recordar la información».

¿Qué utilidad tiene nuestro tiempo si no podemos crear memorias de conversaciones, vacaciones u otras experiencias? Cuando no logramos enfocarnos en lo que hacemos, nuestra atención solo logra alcanzar la superficie de lo que hacemos, por ello, más adelante, apenas nos acordamos de cómo hemos invertido el tiempo. Si nuestra atención esta abarrotada, nuestras experiencias son menos significativas porque no retenemos todos sus matices[17]. Por ello, a largo plazo, nuestra productividad se ve perjudicada: cometemos más errores porque no llegamos a codificar fielmente las lecciones que aprendimos la primera vez que cometimos algún

---

* Este es el motivo por el cual deberías prestar más atención a las tareas que más olvidas, como apagar el horno después de usarlo. Los métodos de estudio funcionan del mismo modo: si prestas atención varas veces a un término, tienes muchas más probabilidades de memorizarlo.

error. Sin duda, acumulamos menos conocimiento a lo largo del tiempo. Para aquellos que su trabajo depende de su conocimiento y habilidades, esta falta de acumulación de conocimiento puede ser perjudicial a largo plazo.

Cambiar constantemente nuestro foco de atención de un punto a otro no solo impide la formación de memoria o experiencia, sino que también determina directamente nuestra productividad. Numerosos estudios han demostrado que cuanto más al límite llevamos nuestra atención, más tiempo necesitamos para cambiar de tarea y menos competencias demostramos para filtrar la información irrelevante.

Como mencioné en el capítulo 0, la media de tiempo de trabajo ininterrumpido enfrente de un ordenador —un dispositivo que nos ofrece miles de nuevos estímulos en los que centrar nuestra atención— es de *cuarenta segundos*. Este dato es mucho más preocupante si se tiene en cuenta que, además, siempre nos acompaña nuestro teléfono móvil —otro especialista en interrupciones[18]—. No hace falta decir que nuestro rendimiento óptimo no se alcanza con cuarenta segundos. Para realizar cualquier tarea compleja se necesita mucho más tiempo de enfoque.*

---

* Otro estudio analizó con qué frecuencia cambiaban de tarea un grupo de cincuenta personas, y examinó el promedio de tiempo de concentración tanto de los diez participantes más distraídos como de los diez que menos lo estaban. Los participantes más distraídos cambiaron de tarea cada veintinueve segundos, y los que menos lo estaban se distraían cada setenta y cinco segundos. En otras palabras, los participantes con más capacidad de concentración apenas trabajaron un minuto más que los demás antes de distraerse[19].

Más adelante dedico un capítulo entero para tratar estas distracciones e interrupciones, pero aquí te ofrezco un breve consejo: una buena estrategia para aumentar tu productividad es entrar en el panel de configuración de tu teléfono y dirigirte al apartado de las notificaciones. Desactiva todas las notificaciones que no sean absolutamente necesarias. Si crees que también te distraes con facilidad con tu ordenador o tablet, desactívalas también en ellos. ¿Qué interrupciones son realmente importantes y cuáles te impiden superar esa marca de los cuarenta segundos? La mayoría de ellas no valen la pena, por eso he eliminado por completo el correo electrónico de mi teléfono móvil.

Además de la evidente pérdida de productividad que supone interrumpir constantemente nuestro trabajo, tampoco somos muy eficaces a la hora de cambiar nuestro foco de atención. Incluso cuando nuestro espacio de atención está relativamente despejado y enfocado en una sola cosa, modificar el foco de atención supone pagar un coste asociado ineludible. Según Sophie Leroy, profesora de comportamiento organizacional de la Universidad de Washington, no es posible cambiar el objeto de nuestra atención sin padecer algún tipo de penalización. Leroy acuñó el término «residuo de atención» para describir esos fragmentos de atención que pertenecen a una tarea anterior y que se resisten a desaparecer de nuestra mente: «Es posible que estés sentado en una reunión y tu mente siga dándole vueltas a un proyecto en el cual estabas trabajando minutos antes. Cuando parte de tu cerebro está analizando otros proyectos que tienes en marcha, tienes la mente dividida. Esto es lo que impide que dediques todo tu potencial a lo que estás haciendo en ese preciso instante». Este residuo de atención permanece en tu mente para evaluar, resolver, reflexionar y considerar las tareas anteriores mucho tiempo después de que hayas cambiado de asunto[20].

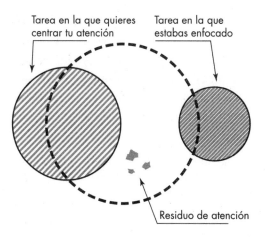

Tarea en la que quieres centrar tu atención

Tarea en la que estabas enfocado

Residuo de atención

Cambiar el foco de nuestra atención es más fácil una vez hemos dado por finalizada una tarea, especialmente si esa labor lleva adjunta una fecha límite o un plazo de entrega. «Por el contrario», según Leroy, «si acabas un proyecto que no reclamaba ningún tipo de plazo o fecha límite, es posible que tu cerebro se entretenga preguntándose qué más podría haber hecho, o si había otra forma de llevarlo a cabo. A pesar de que acabes o des por terminados los proyectos, nuestro cerebro no se desprende de ellos fácilmente». Leroy se percató de que cuando el cerebro no está motivado para completar estas tareas dentro de un plazo establecido, «la motivación mental para alcanzar la meta disminuye». La presión de los plazos es capaz de reducir las dudas en el enfoque de la tarea: nos impide imaginar un sinfín de opciones creativas para completarlo[21]. No cuestionamos nuestro modo de hacer las cosas porque no nos detenemos a considerar las posibles alternativas. Este tipo de mecanismos facilita el cambio de tareas.

Todas estas cuestiones plantean una pregunta: ¿Cuál es el coste real en la productividad asociado al cambio? Cambiar de tareas hace que el trabajo sea más estimulante. Además, si el castigo por cambiar constantemente de tarea solo supone invertir un 5 % más de tiempo y cometer algún que otro error ocasional, aguantar los costes puede valer la pena. Pero, en la práctica, el precio que uno debe pagar es mucho mayor. Un estudio descubrió que, si cambias continuamente de tareas, **tardas un 50 % más de tiempo en finalizarlas**[22]. Si estás trabajando en un proyecto sin presión o sin fecha límite, tómate un descanso antes de empezar otra cosa para que ese residuo de atención pueda disiparse. En términos de productividad, el mejor momento para tomar un descanso es después de finalizar un gran trabajo.

LA CALIDAD DE TU ATENCIÓN

La intención es el filtro de tu espacio de atención: deja entrar los objetos de atención productivos y mantiene las distracciones fuera. Pocas cosas pueden ser tan beneficiosas como enfocarse con intención. Lamentablemente, no es posible trabajar y vivir con intención durante todo el día. Pero podemos mantenerla durante el tiempo suficiente para lograr mucho más de lo que lograríamos de otra manera.

Este capítulo ha sido esencialmente teórico. Para que puedas poner en práctica todos los conceptos que aparecen, deberás hacer algunos cambios: marcarte las intenciones más a menudo, modificar tu entorno para que no puedas distraerte, superar la resistencia de tu mente hacia ciertas tareas y eliminar las distracciones *antes* de que aparezcan para que no te pierdas por el camino. Los siguientes capítulos tratan a fondo cada uno de estos consejos, pero nunca pierden de vista el tema principal.

Elegir dónde dirigir nuestra atención y mantener un espacio de atención limpio y organizado concede grandes ventajas:

- Logras lo que pretendes mucho más a menudo.
- Te enfocas más profundamente porque gestionas mejor tu espacio de atención.

- Tienes más memoria porque eres capaz de procesar más profundamente lo que estás haciendo.
- No tienes dudas sobre lo que haces porque trabajas con intención.
- Pierdes menos tiempo en cosas sin importancia.
- Eres menos proclive a las distracciones, tanto externas como internas.
- Experimentas una mayor claridad mental, y disminuyen el estrés y los pensamientos negativos.
- Trabajas con más convicción porque eres consciente de que existe un propósito detrás de tu trabajo. (Trabajar con intención también ayuda a evitar sentimientos de «aburrimiento» que se derivan de no tener ningún propósito).
- Eres capaz de desarrollar relaciones y amistades más profundas porque inviertes más tiempo y atención en ellas.

Existen muchas formas de medir la calidad de tu atención. En mi caso he desarrollado tres medidas para analizar mi propio progreso. Puedes ayudarte de estos criterios para medir tu progreso a medida que vayas adaptando las prácticas de este libro en tu vida.

1. Cuánto tiempo inviertes intencionadamente.
2. Cuánto tiempo puedes mantenerte enfocado.
3. Cuánto tiempo divaga tu mente antes de enfocarse[23].

Ahora es el momento de pasar a la acción.

EL PODER DEL HIPERENFOQUE

¿QUÉ ES EL HIPERENFOQUE?

Piensa en tu último día de trabajo superproductivo. Ese en el que lograste todos los objetivos. Es posible que ese día las cosas ocurrieran de este modo:

Para empezar, seguramente estarías enfocado en una sola cosa (tal vez por necesidad o por el vencimiento de una fecha de entrega). Esta tarea ocupaba todo tu espacio de atención.

Eras capaz de evitar las distracciones; si algo te interrumpía, regresabas al trabajo de inmediato. Estabas enfocado en lo que hacías, pero sin mostrarte agitado o cambiando constantemente de tareas. Cuando perdías la atención (lo que ocurrió alguna vez, pero muchas menos de lo habitual) eras capaz de recuperarla sin problemas y enfocarla de nuevo en lo que estabas haciendo.

Es probable que el trabajo que te mantenía ocupado tuviese un nivel de dificultad asequible: ni demasiado duro como para intimidarte, ni tan sencillo como para que fuera una rutina. Por eso, estabas entregado al cien por cien. Estabas ensimismado en lo que hacías, en ese estado en el que las horas del reloj pasan como si durasen mucho menos de sesenta minutos. Como si de un milagro se tratara, en una hora eras capaz de realizar el mismo trabajo que el equivalente a varias horas.

Además, una vez superaste los obstáculos iniciales, apenas experimentaste ninguna resistencia para continuar tu labor a lo largo del día. A pesar de trabajar duro, no dabas muestras de cansancio. Curiosamente, estabas menos agotado que otros días, y a pesar de que interrumpiste tu trabajo para comer o reunirte con otra gente, tu motivación no decayó en ningún momento.

Ese día activaste el modo más productivo de tu cerebro: *el hiperenfoque.**

Cuando te hiperenfocas en una tarea, estás expandiendo esa tarea o proyecto…

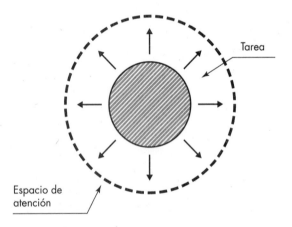

---

* Este término proviene de los estudios del TDAH y se refiere al fenómeno que ocurre cuando una sola tarea, sea importante o no, consume toda nuestra atención. No se refiere al tipo de TDAH que impide la concentración —es decir, el que presenta dificultades en el control de la atención—. He adaptado el término para que tenga un significado similar, pero con un enfoque intenso combinado con una atención intencionada. No importa cuán profundamente te concentres si en lo que estás enfocado no es importante.

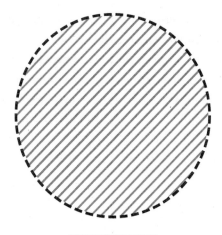

HIPERENFOQUE

...para que ocupe completamente tu espacio de atención.

Estás hiperenfocado cuando gestionas tu atención de forma intencionada: eliges un objeto, erradicas cualquier distracción que pueda importunarte y te enfocas únicamente en esa tarea. Hiperenfocarte es como un todo en uno: intención, enfoque, facilidad de reenfoque e inmersión total en el trabajo. Acuérdate de la energía y el dinamismo que muestras cuando te encuentras en este estado. Permitir que una tarea o un proyecto consuman todo tu espacio de atención no es sinónimo de sentirse agobiado o desbordado. Cuando estás hiperenfocado, tu espacio de atención no se ve desbordado porque tu forma de trabajar no es caótica ni estresante; además, si lo prefieres, siempre puedes bajar un poco el ritmo y seguir rindiendo a un nivel asombroso.

Esta forma de enfocarse puede parecer inalcanzable en los ambientes caóticos e imprevisibles de hoy en día. Pero nada más lejos de la realidad. Estar hiperenfocado significa estar *menos* ocupado porque seleccionas los elementos que pueden acceder a tu espacio de atención. Elegir qué tareas debes realizar te permite centrarte en lo que es realmente importante en cada momento. En nuestro ambiente de trabajo, donde las tareas no tienen la misma importancia, es crucial saber elegir. Si lo haces correctamente, con una hora de trabajo conseguirás el equivalente a la producción de un día normal y corriente. Puede parecerte contradictorio, pero cuanto más exigente sea el tiempo del que dispones, más importancia tendrá la selección de las tareas que debes afrontar. **Nunca estás demasiado ocupado para hiperenfocarte.**

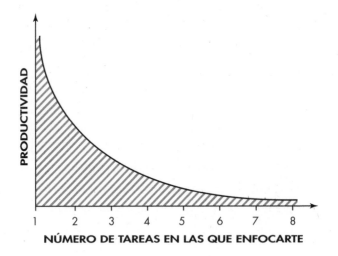

Cuando se trata de llevar a cabo las tareas más importantes, tener la cabeza despejada y ordenada es la mejor estrategia para poder ser productivo.

HIPERENFOCARTE EN LOS HÁBITOS

La característica principal del hiperenfoque es que una sola tarea, productiva o con sentido, consume todo nuestro espacio de atención. Esto es innegociable. Aquí está el porqué: las tareas, los proyectos o los compromisos más importantes sacan partido de toda la atención adicional. Nunca son simples rutinas.

Esto no quiere decir que sea imposible hiperenfocarse en un hábito. Si te lo propones, cualquier tarea, por pequeña que sea, puede consumirte todo el espacio de atención —si lo crees oportuno, puedes poner toda tu atención en observar cómo se seca la pintura de un banco del parque—. Pero hay dos razones que justifican que el hiperenfoque rinda mucho mejor con las tareas complejas que con las rutinarias.

En primer lugar, para activar el hiperenfoque se necesita fuerza de voluntad y mucha energía mental, las cuales utilizan hasta la última gota de energía que tenemos para pasar el día. Como los hábitos consumen tan poco espacio de atención, no hay necesidad de optimizar la energía de la que disponemos.

En segundo lugar, y más importante aún, mientras que el rendimiento en las tareas complejas sale beneficiado, cuando nos enfocamos completamente en una rutina o hábito, su desarrollo se ve afectado por ese incremento de atención.

Puede que hayas experimentado esta sensación alguna vez: por ejemplo, cuando vas por la calle y te das cuenta de que alguien observa tu forma de caminar. Sin saber por qué, diriges toda tu atención hacia el movimiento de tus pies para asegurarte de que andas como una persona normal. Pero, ante tu sorpresa, empiezas a balancearte de lado a lado como si fueras uno de esos robots programados para subir escaleras, es decir, tu forma de andar se ve afectada negativamente.* O tal vez, cuando vas a jugar a bolos y te das cuenta de que estás sumando más puntos de lo normal porque estás jugando sorprendentemente bien. Sin embargo, ese es el punto de inflexión para que tus rivales te adelanten y ganen la partida. Enfocarte en

---

* Este efecto se debe en parte a lo que, en los círculos de psicología, se conoce como el efecto foco de luz —en el que crees que todo el mundo te está observando cuando, en realidad, no les importa—.

los movimientos que debías hacer para ganar la partida te ha perjudicado porque normalmente juegas sin fijarte, en piloto automático. Varios estudios que analizan el rendimiento de los mecanógrafos profesionales han detectado este mismo fenómeno: si ellos prestan atención a su tecleo, no alcanzan su ritmo habitual y cometen más errores[1]. En realidad, cuando te dispones a realizar las tareas habituales, lo mejor es no pensar en ellas.

Reserva tu enfoque para las tareas que valen la pena: labores que sacarán provecho de tu atención total, como redactar un informe, elaborar el presupuesto de tu equipo o tener una conversación significativa con un ser querido.

Cuando lo haces, puedes obtener resultados asombrosos. En primer lugar, como estás enfocado en una única labor, probablemente te quede espacio de reserva en tu espacio de atención —el suficiente como para ser capaz de mantener clara tu intención original—. Gracias a ello, es probable que tanto las distracciones como las interrupciones no te desvíen de tu propósito porque eres consciente de lo que sucede a tu alrededor. Y lo que es más importante, eres capaz de reflexionar en profundidad sobre lo que haces mientras llevas a cabo la tarea. Esto te permite memorizar y aprender más rápidamente, regresar al trabajo cuando tu mente se dispersa y considerar las distintas alternativas cuando surge algún problema. Todo esto te ahorrará una cantidad de tiempo enorme para terminar tu trabajo. Una de las mejores estrategias para incrementar tu productividad consiste en no perder el tiempo en actividades sin importancia.

LAS CUATRO ETAPAS DEL HIPERENFOQUE

En todo momento estás pendiente de algo; o te enfocas en el mundo que te rodea o lo haces con tus pensamientos. Si solo estás atento al mundo exterior, significa que vives con el piloto automático. Te encuentras en este estado cuando esperas que un semáforo se ponga en verde, o cuando te encuentras atrapado en un bucle de alguna aplicación de tu teléfono móvil. Cuando te ocupas únicamente de tus pensamientos, es cuando sueñas despierto. Esto ocurre cuando das un paseo sin tu teléfono móvil, sales a correr o te encuentras divagando mientras te duchas. Si eres capaz de lograr que el mundo exterior y tus pensamientos se impliquen en una misma tarea que tú has elegido, entonces, puedes lograr un estado de enfoque absoluto: el hiperenfoque[2].*

¿Cómo podemos alcanzar este estado?

La ciencia sugiere que pasamos por cuatro fases a medida que comenzamos a concentrarnos. En primer lugar, estamos enfocados (plenamente productivos). Asumiendo que no nos hemos distraído, la segunda fase es cuando empezamos a divagar. La tercera fase sucede cuando nos percatamos de que nuestra mente está divagando[3]. Esto puede tomar un tiempo, especialmente si no comprobamos con frecuencia lo que está consumiendo nuestro espacio de atención (como promedio, nos damos cuenta aproximadamente cinco veces por cada hora de que nuestra mente ha divagado). Y la cuarta y última, cuando logramos volver al objeto original de nuestra atención[4].

---

* En este sentido, el hiperenfoque es el estado que precede lo que Mihaly Csikszentmihalyi llama estado de «fluidez», en el cual nos encontramos totalmente absortos en lo que estamos haciendo y el tiempo pasa sin darnos cuenta. Como explica Csikszentmihalyi en su libro *Flow*, cuando alcanzamos este estado, «nada más parece importarnos». Esta es otra de las razones por la que es esencial enfocarse en una única tarea: nuestras probabilidades de experimentar la fluidez aumentan exponencialmente cuando las tareas no están compitiendo por nuestra atención limitada. El hiperenfoque es el proceso que nos lleva a la fluidez.

Los cuatro estados del hiperenfoque están basados en este modelo.

Para hiperenfocarte debes:

1. Seleccionar un objeto de atención productivo o con sentido.
2. Eliminar todas las distracciones externas e internas.
3. Enfocarte en el objeto de atención elegido.
4. Atraer continuamente tu enfoque hacia ese objeto de atención.

Establecer una intención para enfocarnos en un objetivo es el paso más importante de todos: cuanto más productiva y significativa sea la tarea, más productivos y significativos serán tus resultados. Por ejemplo, si tienes una intención clara de centrarte en la formación de un nuevo empleado, la automatización de una tarea repetitiva o en el *brainstorming* de una nueva idea, serás infinitamente más productivo que si te dedicas a ello sin ningún tipo de propósito y con el piloto automático.

El mismo principio puede aplicarse en nuestro hogar: cuanto más sentido le encontremos a nuestras intenciones, más significativas serán nuestras experiencias. Podemos experimentar los beneficios de estar hiperenfocados con objetivos tan simples como estar presentes cuando hablamos con nuestra pareja o disfrutar de las comidas con nuestra familia. Aprendemos más, recordamos más y procesamos nuestras acciones más profundamente; en consecuencia, nuestra vida cobra mucho más sentido. Este es el primer paso para alcanzar el hiperenfoque: la intención siempre precede a la atención.

El segundo paso consiste en eliminar cuantas más distracciones podamos, tanto las internas como las externas. Hay una simple razón para entender por qué caemos presa de las distracciones: en cualquier momento, las distracciones son mucho más atractivas que lo que estamos haciendo. Es una ley universal. Por ejemplo, las notificaciones de correo electrónico que aparecen en la esquina de nuestra pantalla normalmente son más tentadoras que la actividad que estamos haciendo en cualquier otra ventana, o el televisor ubicado en el fondo del bar siempre parece una opción más entretenida que centrarnos en la conversación con un compañero. Las distracciones son infinitamente más fáciles de controlar antes de que aparezcan —una vez aparecen es demasiado tarde para defendernos de ellas—. Las distracciones *internas* también deben controlarse, eso incluye los recuerdos y pensamientos aleatorios que emergen cuando tratamos de enfocarnos, la resistencia mental que surge cuando tenemos que ocuparnos de tareas poco atractivas (como hacer la declaración de los impuestos o limpiar el garaje) y los momentos en los que queremos enfocarnos, pero nuestra mente prefiere divagar.

En tercer lugar, alcanzar este grado de enfoque es posible cuando nos centramos en el objeto de atención durante un tiempo determinado. Esto implica un periodo de preparación previo y adecuado. Cuanto más trabajo preliminar invirtamos en los dos primeros pasos, más profundo y certero será este tercer paso.

Por último, este método tiene como fin recuperar la atención cuando la mente pierde el hilo de lo que estábamos haciendo. Este es un punto crucial para comprender este proceso y lo repetiré las veces que haga falta: los estudios demuestran que nuestra mente divaga durante el 47 % del día[5]. En otras palabras, si estamos despiertos dieciocho horas, solo logramos estar enfocados durante *ocho* de ellas. Para nuestra mente, divagar es un mecanismo rutinario, pero la clave para mejorar los resultados se encuentra en enfocarnos para que podamos invertir más tiempo y atención en lo que estamos haciendo.

Además, cuando algo nos distrae o nos interrumpe, tardamos *veintidós minutos* de media en reanudar nuestro trabajo. Pero es peor cuando la interrupción la causamos *nosotros mismos*; en ese caso tardamos *veintinueve minutos* para reanudar la tarea original[6].

Si analizamos habitualmente el contenido de nuestro espacio de atención, tenemos más posibilidades de reanudar antes al trabajo. Pero no te preocupes, más adelante trataremos el tema en detalle.

El concepto del hiperenfoque puede resumirse en una breve y sencilla frase: En todo momento, sé consciente del objeto de tu atención.

Elegir dónde enfocarse

La atención sin ningún propósito es un despilfarro de energía. La intención siempre debería preceder a la atención —de hecho, las dos ideas encajan a la perfección en ese orden—. Planificar nuestras intenciones nos permite decidir cómo deberíamos invertir el tiempo para que las tareas se ejecuten de forma eficiente. La mejor manera de ser más productivo es elegir tu meta antes de empezar a trabajar.

Cuando programamos nuestras intenciones, es importante tener en cuenta que no todas las tareas tienen la misma importancia. Algunas nos permiten obtener resultados increíbles con cada minuto que invertimos en ellas. Unos ejemplos pueden ser guardar tiempo para planificar las tareas principales, participar en la formación de un empleado que se unió al equipo recientemente o escribir ese libro que siempre has querido. Todas estas tareas pueden emplazarse en los cuadrantes de tareas «necesarias» y tareas «con un propósito» que tratamos en el capítulo 1. Cuando las comparas con las tareas que ocupan los cuadrantes de las tareas superfluas y aburridas, como participar en reuniones sin sentido, ponerse al día en las redes sociales o revisar repetidamente tu bandeja de entrada, no es complicado diferenciar las que son más productivas. Cuando no somos capaces de elegir en qué cuadrante pretendemos centrar nuestra atención, caemos en el piloto automático.

Esto no significa que no podamos «salir adelante» en modo automático. Siendo ultraresponsables con el trabajo que se nos presenta, podemos mantener un nivel mínimo y probablemente alcanzar una producción suficiente como para no perder nuestro empleo. Pero el piloto automático no permite que progresemos en el trabajo de forma significativa. Sospecho que no cobras un sueldo por hacer las funciones de un anecdótico becario, como reenviar correos, circulares o mensajes de cualquier tipo. No hay duda de que estas tareas son necesarias. Pero siempre que te sea posible, deberías tomar un papel activo *decidiendo* dónde quieres invertir tu tiempo y atención.

Si aún no lo has hecho, este es un buen momento para crear una cuadrícula de 2 x 2 para clasificar tus tareas mensuales en función de si son productivas o improductivas, y atractivas o aburridas. Lo irónico de invertir en tu productividad es que es prácticamente imposible hacerlo cuando te encuentras en las trincheras de la oficina. Hay demasiadas obligaciones para mantenerse al día con las reuniones, las cadenas de correo electrónico y los plazos de entrega de los proyectos. Por esta razón, las mejores tácticas de productividad son aquellas que requieren que antes te retires y te alejes de tu trabajo para poder disponer del espacio mental necesario que te permita pensar de manera crítica sobre cómo abordar ese objetivo de forma diferente. De esta manera, cuando regreses al trabajo, podrás hacerlo de manera más inteligente, en lugar de simplemente trabajar más duro. Descubrir tus cuatro tipos de tareas de trabajo es una de estas actividades de «retiro». Ahora es el mejor momento para hacerlo, especialmente antes de leer la siguiente sección. Solo te llevará de cinco a diez minutos.

Estos últimos años, durante el curso de mis investigaciones sobre la atención y la intención, he desarrollado algunos rituales de intención diarios. Estos son los tres más efectivos.

1. La Regla del tres

Puedes leerte por encima esta sección si ya estás familiarizado con los libros que he publicado en el pasado. En caso contrario, permíteme presentarte la Regla del tres: **nada más levantarte, elige tres objetivos que quieras alcanzar al final del día.** Mientras que una lista de tareas es útil para acordarte de las tareas pendientes, estos tres objetivos deben ocupar el espacio que reservas para las tareas más importantes del día.

Desde que el director de transformación digital de Microsoft, J. D. Meier, compartió conmigo este consejo, he hecho este pequeño ritual todas las mañanas durante varios años. La Regla del tres es engañosamente simple. Forzándote a elegir tres propósitos cada mañana, este ritual te ayuda a identificar las tareas de mayor importancia y a rechazar todas aquellas que no tienen ninguna. Las condiciones de esta regla te empujan a averiguar qué es lo que realmente te importa. Con todo, esta regla también puede ser flexible dentro de las limitaciones de cada día. Por ejemplo, si tu agenda está llena de reuniones o compromisos, estos pueden afectar el alcance y la elección de tus tres intenciones. Mientras que, si otro día no tienes ningún compromiso, puedes elegir unos objetivos menos urgentes, pero igual de importantes. En el caso de que se te presenten tareas o proyectos inesperados, puedes sopesar estos nuevos compromisos con los objetivos que habías seleccionado previamente. Como tu espacio de atención es capaz de gestionar tres ideas, puedes recuperar y recordar tus intenciones originales con relativa facilidad.

Si apuntas tus tres intenciones, asegúrate de colocarlas en un sitio donde puedan verse (yo las cuelgo en la pizarra de mi oficina o, si estoy de viaje, en la cabecera de mi agenda electrónica que se sincroniza con todos mis dispositivos). Si eres como yo, también te parecerá una buena idea establecer tres intenciones u objetivos *semanales* o tres propósitos únicamente *personales*, como desconectar del trabajo durante la cena, ir al gimnasio antes de regresar a casa o recoger los recibos para los impuestos.

Los días en que tu horario está establecido —como cuando asistes a una conferencia—, es posible que no tengas la libertad de elegir a qué dedicas tu tiempo y atención. Sin embargo, puedes centrarte en modificar la forma en la que te relacionas con las cosas que debes hacer. Por ejemplo, en lugar de simplemente «asistir a las charlas de la conferencia», puedes establecer la intención de «conectar con cinco personas nuevas en la recepción de cóctel».

2. Tus tareas más importantes

Un segundo ritual que acostumbro a seguir para configurar mis intenciones consiste en evaluar qué elementos de mi lista de tareas pendientes son los más *importantes*.

Si tienes el hábito de realizar una lista de tareas pendientes (hábito que recomiendo encarecidamente y cuyo poder trataremos más adelante en el libro), tómate un instante para considerar las repercusiones de realizar cada tarea —es decir, la suma de las consecuencias a corto y largo plazo—. Los ítems más importantes de tu lista son los que te conducen a alcanzar los mayores resultados positivos.

¿Qué sería distinto en tu mundo, en tu trabajo y tu vida personal, si decidieras invertir el tiempo en las tareas que tienes en la lista? ¿Qué tarea sería la adecuada para provocar una reacción en cadena que te permitiera alcanzar alguno de tus propósitos?

Otra forma de verlo es esta: cuando decides qué hacer, en vez de considerar solo las consecuencias inmediatas, ten en cuenta las que están más allá de este primer plano, es decir, las consecuencias a *medio* y *largo* plazo. Por ejemplo, digamos que estás cavilando si pedirte o no una tarta de chocolate de postre. La consecuencia inmediata de esta decisión es que disfrutarás comiéndote la tarta. Pero las consecuencias de segundo y tercer orden son un poco más severas. Una consecuencia de segundo orden podría ser que la digestión fuera más pesada y estuvieras incómodo el resto de la noche. Y una de tercer orden podría ser el aumento de peso o la ruptura de un régimen.

Es muy importante interiorizar esta idea, especialmente cuando las tareas más importantes no son las que *parecen* más urgentes o productivas. Elaborar una guía para los nuevos empleados puede no ser tan urgente como responder una docena de correos electrónicos, pero si esta guía acorta el tiempo de aclimatación de un empleado, lo integra adecuadamente y le ayuda a ser más productivo, sin duda será la tarea más importante que tienes en tu lista. Las tareas importantes de tu lista pueden incluir trabajos como automatizar las tareas molestas y repetitivas, enfocarte en el diseño de los procesos de trabajo para una aplicación que estás desarrollando, o crear un programa de administración de oficina que permite a los empleados compartir fácilmente sus conocimientos.

Si tienes muchas labores en la lista de tareas pendientes, pregúntate: ¿Cuáles son las más importantes? Este ejercicio se complementa perfectamente con el ejercicio de los cuatro cuadrantes. Una vez hayas clasificado tus tareas en los cuatro cuadrantes —necesarias, con un propósito, superfluas y entretenidas— pregúntate: ¿Qué tareas necesarias y con un propósito tienen el potencial de producir una reacción en cadena?

3. Avisos de conciencia cada hora

Establecer tres intenciones diarias y priorizar tus tareas más importantes es una gran estrategia para controlar tus propósitos diaria y semanalmente. Pero ¿cómo puedes asegurarte de que tu trabajo sigue un propósito en todo momento?

Desde el punto de vista de la productividad, los momentos más determinantes son aquellos en los que el barro ha hecho mella en nuestro camino; no tiene sentido establecer metas e intenciones si no se actúa para alcanzarlas a lo largo del día. Mi forma favorita de asegurarme de que estoy cumpliendo con mis propósitos es comprobar con frecuencia lo que está ocupando mi espacio de atención, para comprobar si estoy centrado en lo que es importante y consecuente o si he pasado al modo de piloto automático. Para hacerlo, pongo una alarma de conciencia cada hora.

Un elemento clave de este libro es no mostrarse muy duro con uno mismo cuando nos damos cuenta de que el cerebro está divagando o fuera de control. Tu mente siempre será propensa a divagar, así que, cuando te encuentres en uno de estos momentos de mente errante, considéralos como una oportunidad para evaluar cómo te sientes y para encontrar los mecanismos necesarios para regresar a lo que estabas haciendo. Si recompensas la búsqueda de estos momentos, facilitarás el proceso de detección, y cada vez te será más sencillo darte cuenta de que tu mente no está enfocada[7]. Si diariamente solo logras corregir una o dos distracciones y llevar a cabo un solo propósito, no te preocupes. Puedes estar orgulloso. Lo estás haciendo mejor que la inmensa mayoría. Si eres como yo, al principio, la alarma de conciencia solo te revelará que no estás trabajando en ninguna tarea importante de forma habitual. No hay ningún problema; era de esperar.

Pero lo importante es que te enfoques en analizar regularmente qué está ocupando tu espacio de atención. Puedes programarlo en cualquier dispositivo que tengas a mano. Esa va a ser la única interrupción positiva de todo el día.

Cuando el timbre de la alarma se active, hazte las siguientes preguntas:

- ¿Tu mente estaba divagando cuando sonó la alarma?
- ¿Estás trabajando en piloto automático o en algo que elegiste hacer intencionadamente? (Es tan satisfactorio ver que esto mejora con el tiempo).
- ¿Estás inmerso en una tarea productiva? Si es así, ¿cuánto tiempo has estado enfocado en ella? (Si es una cantidad de tiempo sorprendente, no dejes que el timbre de alarma te detenga: ¡Sigue adelante!).
- ¿Qué es lo más importante que podrías estar haciendo ahora mismo? ¿Estás trabajando en ello?
- ¿Está lleno tu espacio de atención? ¿Está desbordado o tienes espacio de sobra?
- ¿Hay distracciones que te impiden enfocarte en el trabajo?

No es necesario que respondas a todas las preguntas: elige dos o tres que te sirvan para regresar a lo que de verdad es importante. Realizar este ejercicio cada hora aumenta las tres medidas de calidad para calibrar la atención: estás enfocado durante más tiempo porque detectas y evitas las distracciones antes de que aparezcan; adviertes con más frecuencia que tu mente se ha desviado y puedes volver a enfocarla más fácilmente; y paulatinamente puedes pasar más tiempo del día trabajando de forma intencionada.

Cuando empieces a realizar estos controles rutinarios, es posible que no te sientas satisfecho contigo mismo porque te darás cuenta de que trabajas habitualmente distraído, en piloto automático y malgastando mucho tiempo en labores innecesarias. ¡De eso se trata! Cuando lo hagas, corrige el rumbo de tu mente hacia tareas más productivas y reprime las distracciones que puedan sacarte de ese camino. Si observas que las distracciones que te afectan son siempre las mismas, elabora un plan para lidiar con ellas. Veremos cómo hacerlo en el siguiente capítulo.

Intenta programar tu alarma de conciencia un día de esta semana. A pesar de que en un primer momento sus interrupciones te parecerán molestas, en realidad estarás creando un nuevo hábito muy valioso. Por el contrario, si no te parece una buena idea, intenta usar algunos recordatorios que te ayuden a reflexionar sobre lo que está ocupando tu espacio de atención. En mi caso, ya no uso la alarma de conciencia cada hora, aunque me parece que es el sistema más útil para poner en práctica este hábito. En la actualidad, reflexiono sobre lo que estoy haciendo en unos instantes predeterminados: cada vez que voy al baño, cuando salgo de mi escritorio a buscar agua o té o cuando mi teléfono está sonando. (No os preocupéis, respondo a la llamada después de unos breves timbres, una vez que he reflexionado sobre lo que estaba ocupando mi espacio de atención).

CÓMO ESTABLECER INTENCIONES MÁS PODEROSAS

Durante las últimas décadas, Peter Gollwitzer ha sido uno de los investigadores más prolíficos en el campo de la intención. Quizá, es más conocido por su revolucionaria investigación sobre las intenciones de implementación. Esta teoría defiende que la importancia de trabajar con las intenciones se encuentra en su nivel de concreción. Aunque en ocasiones logramos cumplir con nuestras intenciones más abstractas, ser específico en la descripción de estas aumenta exponencialmente nuestras probabilidades de éxito.

Por ejemplo, digamos que esta mañana te has apresurado en elegir tus intenciones personales y este es el resultado:

1. Ir al gimnasio.
2. Desconectar del trabajo cuando estoy en casa.
3. Ir a la cama a una hora razonable.

La elección de los tres ejemplos es intencionada; pero ¿cómo hacer que estas tres intenciones resulten más específicas y más propensas a cumplirse?

En primer lugar, es útil considerar si realmente vale la pena realizar estas intenciones. Sin duda, resultarán más efectivas que no hacer absolutamente nada. De hecho, la investigación de Gollwitzer descubrió que establecer una intención, por vaga que sea, aumenta entre un 20 % y un 30 % las posibilidades de realizarla[8].

Pero establecer intenciones más específicas tiene beneficios extraordinarios: nos permite aumentar exponencialmente nuestras probabilidades de éxito[9]. En un estudio, Gollwitzer y su compañera de investigación, Veronika Brandstätter, pidieron a los participantes que llevaran a cabo la intención de completar un propósito complicado durante las vacaciones de Navidad —por ejemplo, finalizar un trabajo del trimestre, encontrar un nuevo apartamento o resolver un conflicto con su pareja—. Algunos estudiantes plantearon una intención vaga o ambigua, mientras que otros establecieron lo que Gollwitzer llama una «intención de implementación». Esta es la definición que él mismo aplica: «Elaborar un plan detallado de cómo quieres lograr lo que te propones. Lo que trato de demostrar con mi investigación es que los objetivos necesitan una preparación. Necesitan planes que incluyan cuándo, dónde y qué tipo de acción es necesaria para alcanzar la meta». En otras palabras, si la intención de un alumno es «encontrar un apartamento durante las vacaciones de Navidad», su implementación debería ser: «Buscaré apartamentos en Craigslist y mandaré un correo electrónico a tres propietarios antes de Navidad».

Si comparamos los resultados de los dos grupos que participaron en el estudio, podemos encontrar datos interesantes. Un destacado *62 %* de los estudiantes que eligieron una intención de implementación específica cumplió con sus objetivos. El grupo de estudiantes que optó por una intención o meta más ambigua no tuvo el mismo éxito; tan solo logró completar su objetivo un 22 % de las veces. Este fenómeno, que más adelante otros estudios corroboraron, es sorprendentemente positivo. **Establecer intenciones específicas puede duplicar o triplicar tus probabilidades de éxito.**

Con esto en mente, transformemos rápidamente mis tres ejemplos en intenciones de implementación:

1. «Ir al gimnasio» se convierte en: «Organizarse e ir al gimnasio antes de comer».
2. «Desconectar del trabajo cuando estoy en casa» se transforma en: «Dejar mi teléfono de empresa en modo avión y mi portátil en otra habitación para poder desconectar del trabajo cuando estoy en casa».
3. «Ir a la cama a una hora razonable» se reformula en: «Programar una alarma a las 10:00 de la noche para irme a la cama cuando suene».

Las intenciones de implementación son tan poderosas como los hábitos. Cuando creas un hábito, tu cerebro lleva a cabo el resto del proceso prácticamente en piloto automático. Una vez que tienes un plan de trabajo para una intención de implementación, si adviertes la señal que te indica su inicio (la pausa para comer, llegar a casa después de un estresante día en el trabajo o la alarma de la hora de acostarse) tu subconsciente pone en marcha el proceso para lograr tus metas. Prácticamente, tus intenciones se realizan sin esfuerzo. Tal y como lo expresaron Gollwitzer y Brandstätter: «el inicio de la tarea se vuelve sencillo, eficiente y no requiere de un esfuerzo consciente. En otras palabras, empezamos a actuar automáticamente hacia nuestro objetivo principal[10]».

Gollwitzer también me dijo que no hacía falta que las intenciones fueran extremadamente precisas si eran lo suficientemente específicas para que una persona pudiera entender e identificar las pistas circunstanciales: «Hemos realizados estudios con jugadores de tenis. Normalmente, planean qué respuesta quieren ofrecer ante los problemas que aparecen durante el juego. Algunos jugadores hacen referencia a momentos específicos del juego, como por ejemplo "cuando estoy irritado" o "cuando estoy nervioso". En realidad, estas pistas no son en absoluto específicas o concretas, pero funcionan a la perfección porque ellos saben perfectamente a lo que se refieren cuando dicen nervioso o irritado. Ser específico significa que la persona es capaz de identificar la situación crítica de manera adecuada».

Existen dos salvedades a la hora de establecer intenciones específicas. En primer lugar, debes mostrar un interés verdadero en tus intenciones. Las intenciones de implementación no acostumbran a funcionar con metas que no te preocupan demasiado o con proyectos que has abandonado tiempo atrás. Si en la década de los noventa tenías el objetivo de hacerte con la colección de Furbys más completa del mundo, es probable que toda esa motivación no haya aguantado el paso del tiempo.

En segundo lugar, las tareas fáciles de lograr no necesitan ser tan específicas. Decidir de antemano cuándo te dedicarás a una tarea es más determinante para un propósito complejo que cuando te dispones a hacer algo sencillo[11]. Por ejemplo, si es fin de semana y tu intención es ir al gimnasio, no es indispensable que especifiques cuándo lo harás. Aunque si pretendes lograr algo más desafiante, como negarte a tomar el postre en un restaurante, es esencial que tu intención sea realmente específica. La simple intención de no querer tomar el postre puede ser más específica si la planeas correctamente: cuando veas la carta de los postres, rechaza echarle un vistazo y pídete un café descafeinado. Estos pequeños consejos son de gran ayuda para afrontar objetivos más bien domésticos, pero cuando llega el lunes, es probable que debas volver a enfocarte en intenciones más profundas. Según Gollwitzer: «Cuando los objetivos son difíciles de alcanzar o cuando tienes muchas tareas que atender, es tremendamente efectivo planificar tus intenciones».

CREAR UN RITUAL DE ENFOQUE

El siguiente capítulo se centra en controlar las distracciones externas e internas que inevitablemente extravían nuestro enfoque. Sin embargo, antes de analizarlas, me gustaría ofrecer unas simples estrategias para que empieces a enfocarte en tus intenciones. Si lo haces, a medida que vayas aprendiendo a controlar las distracciones en tu trabajo, tus intenciones irán volviéndose infinitamente más poderosas.

Pero antes veamos cómo hiperenfocarnos y, luego, cuándo hacerlo. Ambas ideas son bastante simples.

Cómo hiperenfocarte:

- **Empieza por considerar cuánto tiempo quieres estar hiperenfocado**. Observa la resistencia que experimentas hacia la tarea que quieres realizar, especialmente si estás a punto de afrontar una tarea difícil, frustrante o desestructurada. A modo de ejemplo: ¿Estoy cómodo enfocándome durante una hora? En absoluto. ¿Cuarenta y cinco minutos? Mejor, pero aún es demasiado. ¿Treinta minutos? Es factible, pero aun así… Está bien, ¿veinticinco minutos? Perfecto, eso puedo hacerlo. Es muy gratificante comprobar cómo los límites de nuestro enfoque se incrementan con el tiempo. Esfuérzate, pero con precaución. Cuando empecé a poner en práctica mi hiperenfoque, empecé con bloques de 15 minutos con una pausa de distracción de 5 minutos. Estar enfocado todo el día es agotador, y algunas distracciones estimulantes siempre son de gran ayuda, sobre todo al principio. Rápidamente te acostumbrarás a trabajar con menos distracciones.

- **Anticipa los contratiempos antes de tiempo**. Si soy consciente de que se acercan unos días en los que estaré ocupado, me gusta organizar mis periodos de hiperenfoque al principio de la semana —varios periodos de tiempo distribuidos a lo largo de la semana en los que realmente podré estar preparado—. De esta manera, me aseguro de reservar el tiempo necesario para enfocarme, en vez de verme agobiado en el último minuto para solucionar los problemas que han surgido. Estos horarios permiten que mis compañeros y mis asistentes no me interrumpan durante estos periodos; además, me resultan de gran ayuda para acordarme de cuándo debo enfocarme en mis actividades. En semanas como estas, unos minutos de planificación anticipada pueden ahorrar muchas horas de productividad malgastada.

- **Programa un temporizador**. Irónicamente uso mi teléfono móvil para este propósito, a pesar de las distracciones que podría provocarme. En consecuencia, activo el modo avión para que no pueda caer en el agujero negro de sus distracciones.

- **¡Concéntrate!** Cuando percibas que tu mente está divagando o que te has distraído, lleva de vuelta la atención hacia el propósito. De nuevo, no seas muy duro contigo mismo cuando esto suceda; en realidad, tu cerebro está programado para eso. Si te apetece seguir trabajando cuando suene el temporizador —lo que probablemente sucederá porque estarás en racha—, no te detengas.

Estos consejos cubren la parte de *cómo* hiperenfocarse. Ahora siguen unas sugerencias para decidir cuándo hacerlo. Es decir, encontrar *el mejor momento* para enfocarse:

- **¡Siempre que puedas!** Por lo común, necesitamos tiempo para cualquier tarea. Pero cuanto mejor te enfoques, más resultados obtendrás. A lo largo de la semana, deberías planear tantos periodos de hiperenfoque como permita tu trabajo, y durante el tiempo que seas capaz de gestionar. Nos encontramos más satisfechos y felices cuando trabajamos en una tarea con sentido[12] a la vez, así que no hay razón para ahorrar tiempo de enfoque. Siempre que se te presente una tarea importante, no pierdas la oportunidad de enfocarte en ella —perderás mucha productividad si no lo haces—. Naturalmente, debido a la naturaleza de nuestro trabajo, a menudo tenemos que realizar trabajos en colaboración, lo que requiere estar disponible para nuestros compañeros. Pero cuando la tarea que debes afrontar solo puedes ejecutarla tú, es el momento indicado para poner en práctica el hiperenfoque.

- **Según las limitaciones de tu trabajo.** La mayoría de nosotros no puede tomarse el lujo de enfocarse cuando lo desea. La productividad es a menudo un proceso de comprensión de nuestras limitaciones. La mayoría de los días podremos encontrar oportunidades para hiperenfocarnos, en otros, no será posible. Este último caso es habitual cuando viajo, cuando estoy en una conferencia o cuando tengo un día repleto de reuniones agotadoras. Asegúrate de tener en cuenta las limitaciones de tu tiempo y energía y, si es posible, evita estos obstáculos cuando planifiques la semana.

- **Cuando necesitas trabajar en una tarea compleja.** Cuando empecé a usar este método, programaba periodos de hiperenfoque en mi agenda. Hoy puedo entrar en este estado siempre que trabajo en una tarea o proyecto complejo que puede beneficiarse de toda mi atención. Si solo debo revisar mi correo electrónico, no programo un espacio de tiempo para hiperenfocarme. Pero si estoy escribiendo, planeando un proyecto o asistiendo a una reunión importante, no dudo en hacerlo.

- **Reacciones adversas hacia la tarea que debes completar.** Cuantas más reticencias tengas hacia un proyecto o tarea, más importancia tendrá controlar las distracciones antes de que aparezcan. Eres más proclive a procrastinar cuando dedicas tiempo a una tarea que consideras aburrida, frustrante, complicada, ambigua o desorganizada que cuando lo dedicas a una tarea con sentido. En realidad, si te viene a la cabeza alguna tarea que estás postergando, lo más probable es que esta tenga la mayoría de estas características. Cuanto más desagradable es una tarea, más importancia adquiere recurrir al hiperenfoque para poder trabajar en ella con alguna intención.

CONSTRUYE TU ENFOQUE

En los próximos capítulos, te proporcionaré las herramientas que necesitas para desarrollar tu enfoque. Como verás, tu capacidad de enfoque depende de algunos factores que afectan directamente a la calidad de esta:

- La frecuencia con la que buscas objetos de atención diferentes y novedosos. (Esta es la razón por la que inicialmente nos resistimos a hiperenfocarnos).
- La frecuencia con la que sobrecargas habitualmente tu espacio de atención.
- La frecuencia con la que tu atención se ve interrumpida por las distracciones.

- La cantidad de tareas, compromisos, ideas y otros asuntos sin resolver que tienes en la cabeza.
- La frecuencia con la que practicas la metaconciencia. (Es decir, analizar lo que consume tu espacio de atención).

Como veremos más adelante, incluso tu estado de ánimo y tu dieta pueden tener influencia en tu forma de enfocarte. Por estas y otras razones, cada uno tiene un punto de partida diferente a la hora de afrontar este método.

Curiosamente, cuando empecé a investigar cómo gestionar mejor nuestra atención, apenas lograba enfocarme unos pocos minutos después de sufrir alguna distracción. Es lo que sucede cuando buscamos estímulos de atención sin cesar o cuando nuestro ambiente de trabajo está plagado de distracciones.

Durante todo el proceso de investigación, he ido incrementando constantemente la cantidad de tiempo que puedo mantenerme enfocado, y me he acostumbrado a trabajar con menos distracciones. Escribí esta frase que ahora mismo estás leyendo tras una sesión de hiperenfoque de unos cuarenta y cinco minutos —la tercera del día—. Estas sesiones me ayudaron escribir 2286 palabras en dos horas. (Esta es una de las partes más graciosas de escribir un libro sobre productividad: puedes verificar que tus métodos funcionan usándolos para escribir el propio libro). Esa tercera sesión fue mi último periodo de hiperenfoque del día, y entre esos periodos revisé el correo electrónico, eché un vistazo a las redes sociales y tuve tiempo de charlar brevemente con dos compañeros de trabajo.

Pero ahora mismo no es uno de esos momentos. Enfocarme en una sola tarea —escribir estas palabras— es lo que me ha permitido ser tan productivo en los últimos cuarenta y cinco minutos. Te garantizo que también funcionará para ti.

CONTROLAR
LAS DISTRACCIONES

CUARENTA SEGUNDOS

Cuando escribía este libro, tuve la oportunidad de hablar con estas dos extraordinarias especialistas: Gloria Mark y Mary Czerwinski. Mark es profesora de ciencias de la información en la Universidad de California, y seguramente es la mayor experta en atención y multitareas del mundo. Ha dirigido estudios en colaboración con la NASA o compañías como Boeing, Intel, IBM y Microsoft. Czerwinski es directora de investigación de Microsoft y una de las expertas pioneras en la interacción entre las personas y los ordenadores.* Ambas científicas han trabajado juntas para dirigir varios estudios sobre nuestra relación con la tecnología en el día a día.

---

* Microsoft desarrolla una cantidad sorprendente de investigación. A la hora de escribir estas líneas, emplea a más de dos mil personas que investigan, y publican, a tiempo completo.

Lo que más me gusta de su trabajo es que se especializan en lo que se llama investigación *in situ*; es decir, realizan los estudios en entornos de trabajo reales y con empleados reales. Por ejemplo, en un estudio para medir el nivel de estrés que experimentaban los trabajadores cuando realizaban varias tareas a la vez, Mark y Czerwinski equiparon a todos los participantes con un monitor que registraba sus cambios de ritmo cardíaco durante 24 horas (una medida de estrés aceptada científicamente). En otro estudio, con el permiso de los participantes, instalaron un programa de rastreo en los ordenadores de los empleados para calcular la frecuencia con la que los trabajadores cambiaban de tarea. El resultado del estudio fue cuarenta segundos. Es decir, los empleados interrumpían su trabajo cada cuarenta segundos. Curiosamente, interrumpimos más a menudo nuestro trabajo si tenemos abiertas aplicaciones como IM o Skype. Entonces, la media es de *treinta y cinco* segundos[1].

Vale la pena destacar su trabajo por varias razones. En primer lugar, las investigaciones *in situ* son mucho más complicadas de gestionar —por ejemplo, Mark estuvo *seis años* buscando una empresa que le permitiera estudiar los efectos que tenía en los trabajadores inhabilitar el correo electrónico durante una semana—, pero, a cambio, los resultados de los estudios son mucho más valiosos. Como ellas mismas me contaron: «A diferencia de llevar a alguien a un laboratorio y recrear artificialmente las condiciones que mueven el mundo, nos dirigimos directamente a este y observamos la cosas que suceden en él».

En segundo lugar, vale la pena analizar sus investigaciones porque son muy innovadoras. Para mí, sin ningún tipo de duda, el estudio más relevante y significativo fue el que descubrió que cambiamos de tarea cada cuarenta segundos. En realidad, no es ninguna sorpresa: es habitual que pasemos de estar cien por cien absortos en nuestro trabajo, a interrumpirlo para realizar algo totalmente distinto y sin importancia. Otras veces, interrumpimos una conversación significativa con un amigo para revisar nuestro teléfono móvil. Y otras tantas, dejamos de escribir un informe para iniciar un insulso chat IM o para saludar a un compañero de la oficina sin ningún propósito.

Otro estudio que realizaron reveló que, durante una jornada laboral, los trabajadores cambiaron de una aplicación informática a otra una media de *566 veces*. Esta cifra incluía las distracciones que no tenían nada que ver con el trabajo: como, por ejemplo, revisar Facebook una media de 21 veces al día. (Este promedio incluía todos los sujetos de estudio, algunos de los cuales no se conectaron a Facebook en ninguna ocasión. Si se calcula el promedio de las personas que lo visitaron al menos una vez, el número final se dispara hasta un total de 38 veces al día[2]).

Cualquier trabajo padece estas distracciones, por eso es tan difícil enfocarse en la oficina. Compensamos esta carencia trabajando más rápido y de forma frenética, lo que afecta directamente a la calidad de lo que producimos[3]. Y lo que es más importante, fracasamos en tomar el control de nuestra propia atención.

Las interrupciones que están en cierta medida relacionadas con los proyectos en los que trabajamos no arruinan la productividad de forma severa —por ejemplo, si alguien nos envía un correo con información relevante para el informe que estamos redactando, podemos reconducir la interrupción fácilmente—. Pero pocas veces dedicamos nuestro tiempo solo a un proyecto. La media se sitúa en diez proyectos de forma simultánea[4].

Es efectivo dejar activado el correo electrónico y las notificaciones de mensajes si estás colaborando con tu equipo en un mismo proyecto. Pero la mayoría de las veces, este no es el caso. Los costes de una interrupción que no está relacionada con la tarea que estás realizando pueden ser enormes: tardamos una media de veinticinco minutos en reanudar el trabajo. Y antes de reanudar el trabajo trabajamos en 2.26 tareas distintas. Con la interrupción, no solo nos distraemos una vez, la interrupción es doble porque luego dedicamos el tiempo a otras actividades[5].*

Una vez que tomas conciencia de la frecuencia con la que interrumpes tu trabajo, es difícil volver a trabajar de la misma manera. Esta es la razón por la cual es fundamental manejar tu espacio de atención sabiamente. Puedes enfocarte durante mucho más tiempo si controlas las distracciones de antemano.**

¿POR QUÉ ADORAMOS LAS DISTRACCIONES?

Existe una sola y simple razón para justificar por qué caemos presa de las distracciones: A pesar de que sabemos que son improductivas, en ese momento, son mucho más tentadoras que nuestro trabajo. Cuando nuestro cerebro se resiste a una tarea, aunque sea ligeramente, sale en busca de actividades más estimulantes que hacer en su lugar. Permite que tu mente divague unos segundos y verás cómo gravita hacia objetos con un centro de interés más poderoso.

¡Ya no podemos ir al baño sin distraernos! Me fascina observar cómo la duración de nuestras pausas para ir al baño ha cambiado

---

* A partir de los cuarenta años, las distracciones cada vez tienen un efecto más profundo. A medida que envejecemos nuestro espacio de atención se va reduciendo, y el tiempo que tardamos en reanudar el trabajo se prolonga[6]. Por el contrario, a pesar de que tu espacio de atención disminuya, tu tendencia a divagar también lo hace. El sistema que procesa la información en tu cerebro mengua con el paso del tiempo, y esto nos vuelve más resistentes a las distracciones[7].

** Un tema recurrente en la investigación atencional es la diferencia de comportamiento entre hombres y mujeres cuando realizan multitareas. En general, las mujeres experimentan menos interrupciones y *se interrumpen* menos. Y lo hacen mientras trabajan en más proyectos simultáneamente. En comparación con los hombres, las mujeres también son más felices y están más comprometidas en el lugar de trabajo[8].

con el tiempo. Me atrevería a decir que, con la aparición de los teléfonos móviles, se ha duplicado.*

Nuestro afán de distracción se ve agravado por el sesgo hacia la novedad que lleva incorporado el cerebro, y porque las páginas web o las aplicaciones que frecuentamos nos proporcionan estímulos y satisfacciones cada vez que las visitamos. Probablemente, tienes notificaciones esperándote cada vez que consultas Twitter: quién compartió tu tuit, qué comentan tus amigos o quién te sigue o deja de seguirte. Es difícil resistir el impulso de revisar las redes sociales durante todo el día, sabiendo que otro pequeño pedazo de satisfacción está a tan solo un clic de distancia. Incluso si no tienes mensajes esperando, la *posibilidad* de que puedas tener alguno te hace revisar tus cuentas. En mi caso, hace años borré mi cuenta de Facebook por esta misma razón.

Estoy escribiendo estas palabras en el procesador de textos de mi ordenador con una sola ventana abierta, pero soy consciente de que, en cualquier momento, puedo abrir otra que me proporcione horas de distracción. Escribir es una tarea difícil a la que mi cerebro le opone resistencia. Al final, los resultados son geniales, pero el proceso me exige mucha más atención y energía que curiosear por las redes sociales, responder los correos electrónicos o leer las noticias. Si no neutralizo las distracciones del ordenador antes de que ocurran, mi productividad cae de forma rotunda.

Para ponerme a prueba, esta mañana no desactivé las posibles distracciones de mi ordenador. Libre de poder usar cualquier aplicación o dispositivo, he recorrido un bucle sin fin de páginas web

---

* ¿Sabéis qué ha bajado desde la introducción de los teléfonos móviles? La venta de chicles. Desde 2007, el año en que se introdujo el iPhone, las ventas de chicle cayeron en picado un 17%[9]. Es obvio que la correlación no implica causalidad, pero da que pensar.

estimulantes durante treinta minutos. Si analizo el historial, esto es lo que aparece:

- Twitter.
- Reddit (en especial la escritura artificial de «subreddit»)
- Numerosas páginas web, entre ellas Feedly, *The New York Times*, CNN, *The Verge* y MacRumors.
- Mi segunda cuenta de Twitter.
- Correo electrónico (tengo tres cuentas y las he abierto una o dos veces cada una).
- La página de Amazon de mi primer libro, para comprobar las ventas y ver si hay algún comentario nuevo.

Debo mencionar que visité todas estas páginas web *después* de meditar durante veinticinco minutos, un ritual que por lo general me permite trabajar sin distracciones. Lo más probable es que tengas tu propia lista de sitios web o aplicaciones que visitas cuando te resistes a una tarea.*

El ejemplo anterior debería erradicar la concepción de que tengo un nivel de autocontrol sobrehumano porque soy un experto en productividad. En realidad, mi talento se limita a gestionar correctamente los impulsos *antes de tiempo*. Después de elegir el objeto de atención, el siguiente paso para hiperenfocarte consiste en eliminar las distracciones. Deshacerte de las posibles distracciones antes de empezar una nueva tarea te garantiza enfocarte mejor, porque ningún otro elemento está compitiendo por ocupar tu espacio de atención. Dado que las distracciones tienen la capacidad de perjudicar tu productividad a menudo y por un largo espacio de tiempo, es un imperativo que lidiemos con ellas

---

* Curiosamente, el tipo de distracción que te afecta está relacionado con el tipo de trabajo que desarrollas. Si estás realizando una labor rutinaria, lo más probable es que te conectes a Facebook. Si estás enfocado en una tarea más compleja, seguramente el correo electrónico será tu principal distracción[10].

antes de que se presenten —es decir, antes de que debamos mostrar una gran fuerza de voluntad para resistirnos a ellas—.

LOS CUATRO TIPOS DE DISTRACCIONES

En el capítulo 1 introduje los cuatro tipos de tareas de trabajo productivas (necesarias o con un propósito) o improductivas (superfluas o entretenidas). En esta sección, nos centraremos en las tareas entretenidas que precisamente son divertidas, pero improductivas.

Una posible definición de «distracción» puede ser cualquier cosa que pueda alejarnos de nuestras intenciones. En este sentido, las distracciones y las interrupciones son muy parecidas, porque ambas nos alejan de lo que pretendemos lograr. Algunas interrupciones son inevitables, como por ejemplo recibir un informe que está relacionado con tu proyecto actual. Pero, aun así, vale la pena controlar la mayoría de ellas antes de tiempo.

Si nos detenemos en el cuadrante «trabajo entretenido» del primer capítulo, es posible ordenarlo en relación con dos criterios: si tenemos el control o no sobre sus distracciones, o si las encontramos molestas o divertidas.

Si ordenaste tus actividades profesionales en los cuatro tipos de trabajos que propuse en el primer capítulo, puedes hacer uso de las tareas que apuntaste en el cuadrante de tareas entretenidas como punto de partida para rellenar la cuadrícula de la página siguiente. Deberás incluir más elementos, ya que tu tabla de distracciones debería contar con todas las distracciones, por pequeñas que sean, que te desvían de tus objetivos. También debería incluir las distracciones que no están particularmente relacionadas con el trabajo, como los periódicos digitales o las redes sociales que frecuentas mientras trabajas. No te pediré que hagas muchos ejercicios mientras lees este libro, pero si los incluyo, es por alguna buena razón.

LOS CUATRO TIPOS DE DISTRACCIONES O INTERRUPCIONES

	MOLESTAS	DIVERTIDAS
SIN CONTROL		
CON CONTROL		

Para dar ejemplo de cómo se rellena una tabla como esta, aquí están las distracciones que me desvían de mis intenciones a lo largo del día:

LOS CUATRO TIPOS DE DISTRACCIONES O INTERRUPCIONES

	MOLESTAS	DIVERTIDAS
SIN CONTROL	– Visitas inesperadas en la oficina – Compañeros ruidosos – Reuniones	– Comer con el equipo – Llamadas de la familia – Chismorreos
CON CONTROL	– Correo electrónico – Notificaciones del teléfono móvil – Reuniones	– Nuevas páginas web – Redes sociales – Mensajes instantáneos

Empecemos con los dos cuadrantes superiores. Cómo hacer frente a las distracciones sobre las que *no* tenemos control alguno.

Las distracciones pueden tener dos puntos de origen: nosotros mismos y todo lo demás. Aun así, ambas deben gestionarse antes de que sean una realidad. Es imposible prevenir todas las distracciones que se presentan. A veces, incluso si cerramos la puerta de nuestra oficina para estar enfocados un par de horas, no dejamos de recibir llamadas de teléfono o alguna visita inesperada. Incluso así, muchas distracciones pueden evitarse. Sin embargo, los estudios indican que las causas externas son solo la mitad del problema, es decir, que nosotros mismos nos provocamos la otra mitad de distracciones.* Como lo explica Gloria Mark: «Buscar las soluciones para las interrupciones externas solo soluciona la mitad del problema».

Las distracciones externas no son tan dañinas como las que provienen de nosotros mismos. Después de interrumpir nuestro propio trabajo, tardamos una media de veintinueve minutos para reanudarlo; sin embargo, si nos interrumpe algo o alguien externo, volvemos a la tarea unos seis minutos más rápido[11]. De todas formas, ambos tiempos de recuperación son inadmisibles para nuestra productividad. Este es uno de los motivos por el cual es crucial revisar periódicamente qué ocupa nuestro espacio de atención. Cuando tomamos conciencia de las distracciones que nos han desviado de nuestro objetivo, malgastamos menos tiempo en tareas sin importancia y reanudamos el trabajo más rápidamente[12].

No se pueden evitar las interrupciones, pero sí podemos controlar la forma en la que reaccionamos ante ellas. La mejor manera de realizar las tareas molestas que nos secuestran espacio de atención (visitas inesperadas, compañeros ruidosos o reuniones innecesarias) consiste en mantener entre ceja y ceja nuestra intención original, y volver a trabajar en ella tan pronto como nos sea posible.

Por otra parte, también deberíamos ser más reflexivos a la hora de afrontar las distracciones *entretenidas* que no podemos

---

* Este no es el caso si eres el director o el líder de un equipo. En este caso, el 60 por ciento de tus errores provienen del exterior[13].

controlar. De todos los consejos que ofrezco en este libro, esta es la táctica que me ha traído más problemas. A menudo, estaba tan enfocado en cumplir mis intenciones que, cuando me interrumpían, podía mostrarme seco e inflexible, sin importar lo agradable que fuera la interrupción. Sin embargo, como he podido comprobar, la mejor manera de responder a las distracciones agradables, como las comidas de equipo o la llamada de algún ser querido en medio de una reunión, es hacer un esfuerzo para aceptarlas y sacarles partido. Aun así, nunca pierdo de vista volver al trabajo. Preocuparte por las cosas que no puedes controlar es una pérdida de tiempo, energía y atención. Poco a poco he aprendido a usar estas interrupciones como una señal para relajarme un momento, y para aceptar en mi seno cualquier diversión que haya desbaratado mi productividad. Con todo, siempre recuerdo mi intención original para poder volver al trabajo cuando tenga la oportunidad.

MODO SIN DISTRACCIONES

La mayoría de las distracciones se encuentran en la categoría de las que *podemos* controlar. Por lo tanto, podemos hacerlo por adelantado.

LOS CUATRO TIPOS DE DISTRACCIONES O INTERRUPCIONES

	MOLESTAS	DIVERTIDAS
SIN CONTROL	Acéptalas y vuelve al trabajo	Disfrútalas
CON CONTROL	Gestiónalas por adelantado	

Con el tiempo, he desarrollado dos modos de trabajo:

1. Un modo libre de distracciones que utilizo cuando estoy a punto de enfocarme.
2. Un modo de trabajo regular con menos distracciones, en el que trabajo con un número manejable de distracciones.

A lo largo del día, alternamos entre dos tipos de trabajo: el trabajo de enfoque y el trabajo colaborativo. El trabajo de enfoque se beneficia de toda la atención que podemos prestarle: cuantas menos distracciones aparezcan, más enfocados estaremos en la causa y más productivos nos volveremos. Como dice Cal Newport, este tipo de trabajo es el que nos permite trabajar profundamente.

Por otro lado, el trabajo colaborativo implica interactuar con otras personas y estar disponible cuando seas necesario. Cuanta más disponibilidad mostréis —tanto tú como tu equipo—, más productividad seréis capaces de generar como equipo. Cuando estás implicado en un trabajo colaborativo, lo más recomendable es activar el modo de trabajo regular con menos distracciones, en el cual controlas tus distracciones más perjudiciales, pero te mantienes accesible para lo que el equipo necesite.

El análisis de la cantidad de trabajo de enfoque o trabajo de colaboración que realizas varía en función de tu trabajo. Si eres asistente administrativo, tu trabajo puede involucrar un 90% de trabajo colaborativo y un 10% de trabajo de enfoque. En cambio, si eres escritor, tu trabajo puede requerir un 90% de trabajo de enfoque y un 10% de trabajo colaborativo. Pregúntate: ¿Qué tipo de trabajo realizas?

En primer lugar, abordemos el modo más intenso: el modo sin distracciones.

Crear un modo libre de distracciones te permite eliminar prácticamente todas las distracciones controlables por adelantado para que puedas enfocarte en tus tareas más importantes. **Si desechas todos los objetos de atención que son potencialmente más estimulantes y atractivos que la tarea que te propones, no das otra opción a tu cerebro que trabajar en ella.** Escribo estas palabras en mi propio modo sin distracciones. Para acceder a este modo y enfocarme, he seguido estos pasos:

- Instalar un programa para bloquear aplicaciones en mi ordenador. De este modo, no puedo acceder a las páginas web que arruinan mi productividad (correo electrónico, redes sociales, Amazon o cualquier otra aplicación o sitio web que especifique en el programa). Una vez he determinado el tiempo que necesito, si quiero entrar en una de las páginas o de las aplicaciones que he bloqueado, debo *reiniciar literalmente mi ordenador*. Desde que realizo la mayor parte de mi trabajo en el ordenador, esta es la única y simple medida que impongo cuando quiero enfocarme. Activo el «modo sin distracciones», y de este modo no me afectan las notificaciones que recibo.

- Activar el modo sin distracciones en mi teléfono móvil y dejarlo fuera de cobertura o en otra habitación para que no tenga la tentación de usarlo.

- Tomar un café si no tengo previsto acostarme durante las siguientes diez horas (la cafeína tarda un promedio de ocho a catorce horas en metabolizarse[14]).

- Ponerme auriculares con cancelación de ruido para no distraerme con los sonidos de mi entorno. Habitualmente, no los uso ni en la oficina ni si estoy trabajando en una habitación de hotel, pero no dudaría en hacerlo si tuviera que trabajar enfocado en una cafetería o en un avión.

¿Qué distracciones arruinan tu productividad a lo largo del día? ¿Cuántas de ellas puedes deshabilitar simultáneamente con alguna estrategia o programa para bloquear aplicaciones? Diseña un plan de acción (como el que se encuentra a continuación) que te ayude a prevenir las distracciones antes de que aparezcan. Cuando percibas que tu atención se desvía de tus intenciones, analiza cuál ha sido la causa para que puedas gestionarla mejor la próxima vez. Por ejemplo, si me distraigo con una nueva página web o aplicación mientras estoy inmerso en el modo sin distracciones, rápidamente la agrego a la lista de aplicaciones y páginas bloqueadas.

A continuación, presento algunas sugerencias más para que puedas crear tu modo libre de distracciones.

- **Existen muchas aplicaciones disponibles que pueden cortar en seco la aparición de distracciones.** Mis aplicaciones favoritas para el ordenador son: Freedom (de pago, aunque hay una versión gratuita de prueba; compatible con Windows, Mac, iPhone, iPad), Cold Turkey (gratuita, aunque existe una versión de pago; compatible con Windows, Mac, Android) y RescueTime (de pago, pero hay una versión de prueba gratuita; compatible con PC, Mac, Android, Linux). Si quieres disfrutar de las versiones más avanzadas, algunas de ellas te piden una suscripción, pero ten en cuenta que es una inversión para incrementar tu productividad. Los resultados de los estudios respaldan esta premisa: las personas que utilizan bloqueadores de distracción son más productivas y logran enfocarse durante periodos de tiempo más largos[15].

- **Si tu lugar de trabajo limita las aplicaciones o los complementos que puedes instalar en tu ordenador**, considera la posibilidad de desenchufar el cable Ethernet o apagar por

Actualmente, estamos empezando a entender la forma en la que rasgos como la meticulosidad, el neuroticismo o la impulsividad trabajan juntas para determinar el nivel de distracción que soportamos. Estos rasgos también determinan cuánto estrés puede causar el uso de los bloqueadores de distracción. Si te encuentras ansioso con un bloqueador habilitado, puedes decidir utilizarlo únicamente cuando estés trabajando en una tarea que sea especialmente complicada o cuando tengas menos energía[16].

completo la conexión wifi del equipo. Es probable que te parezca extremo, pero es verdad que malgastamos mucho tiempo procrastinando en Internet.

- **Sal de la oficina.** Si trabajas en un ambiente de oficina flexible, es posible que encuentres un lugar libre de distracciones en una cafetería o en una sala de reuniones.

- **Sé precavido y no subestimes los costes sociales de tu modo sin distracciones.** Evalúa los efectos que puede tener desconectarse de tus compañeros de trabajo, especialmente si trabajas en un entorno colaborativo. Así mismo, tampoco lo exageres: quizá te sientas culpable cuando no respondes ningún correo electrónico durante treinta minutos, pero acuérdate de que, por lo común, tus compañeros de trabajo o clientes se toman un par de horas para responderte. Esta es una lección que voy reaprendiendo continuamente: en general, tus compañeros de equipo te necesitan mucho menos de lo que crees.

- **Disfrútalo.** Cuando termino una sesión completa de hiperenfoque y libero mi mente del modo sin distracciones, relajo la mente ofreciéndole un banquete de auténticas distracciones. Algunos estudios demuestran que las personas más impulsivas son las que más estresadas se muestran cuando bloquean las distracciones[17]. Si no tienes autocontrol o eres impulsivo, puede resultarte beneficioso aprovechar alguna pausa para distraerte. (Nota al margen: la impulsividad es el rasgo de carácter más relacionado con la procrastinación[18]). Antes de arrancar en mi modo sin distracciones, siempre me permito tomar una infusión o una taza de té para reforzar positivamente mi comportamiento y enfocarme más profundamente.

- **Crea un modo sin distracciones para tu equipo.** Cuando era CEO de Sevenly, Dale Partridge, autor de *People Over Profit*, equipó a sus empleados con lámparas nuevas y unas pistolas de agua para estimular su enfoque en el trabajo. Como él mismo me explicó: «Una de las mejores decisiones que tomé en Sevenly fue la de poner lámparas de escritorio personalizadas para todo el equipo. Eran de nogal, y la regla era que no estaba permitido interrumpir a nadie si estaban encendidas. Además, se habilitaron hasta tres horas de tiempo de enfoque ininterrumpido al día para los cuarenta y cinco empleados. ¡Al final tuvimos que limitarlo porque ese tiempo sin interrupciones era demasiado adictivo! Por otro lado, también equipé a todos los empleados con una pistola de agua con la que podían rociarse unos a otros cuando se interrumpían».

La intensidad de tu modo sin distracciones está relacionada con el entorno de trabajo. Si eres autónomo o tienes la suerte de tener un despacho, tienes mucha más flexibilidad para eliminar las distracciones. En cambio, si trabajas en un ambiente de una oficina colaborativa, es posible que no tengas la oportunidad de crear un modo sin distracciones tan efectivo como te habría gustado. La productividad es el proceso de entendimiento y adaptación a tus limitaciones.

Siempre experimento una extraña y maravillosa sensación de alivio cuando accedo a mi modo sin distracciones; creo que tú también la experimentarás. De pronto, ya no debes preocuparte de las noticias, de las redes sociales o del flujo interminable de correos electrónicos. En realidad, es el momento de relajarte con la seguridad de que ya no perderás más el tiempo y la atención en tareas sin sentido. Dedicas mucho más tiempo a estar enfocado trabajando en tareas significativas. Y lo sabes porque estás invirtiendo tiempo, energía y atención en una sola tarea. Es más, incluso puedes reducir tu ritmo de trabajo y lograr resultados igualmente asombrosos.

El modo sin distracciones también te permite ahorrar energía. Cuando eliminas las distracciones, tu energía se aprovecha al máximo y eres capaz de trabajar durante periodos de tiempo más largos sin necesidad de descansos. Bloqueando las distracciones por adelantado, malgastas mucha menos energía mental intentando redirigir el foco de tu atención, ya que no debes hacer frente a ninguna distracción ni a ningún compañero de trabajo[19]. En consecuencia, dispones de mucha más energía para trabajar. Los descansos son revitalizadores por la misma razón: son cápsulas de tiempo en las que puedes descansar de regular tu comportamiento. En ocasiones es posible que, aunque tu intención solo fuera la de enfocarte durante un corto periodo de tiempo, resulta que tienes suficiente energía como para seguir adelante mucho más.

El modo sin distracciones es especialmente útil después de las vacaciones o de un largo fin de semana, porque en estos periodos te encuentras con menos energía y eres más susceptible a las distracciones. Controlar por anticipado tus distracciones te permite optimizar tu energía hasta que recuperes tu ritmo normal de trabajo.

TRABAJAR CON MENOS DISTRACCIONES

Como es imposible trabajar hiperenfocado el cien por cien de nuestro tiempo, deberíamos aprender a disfrutar de los beneficios que aporta reducir las distracciones durante otros periodos del día. Para averiguar qué distracciones vale la pena controlar, pregúntate: ¿Qué distracciones interrumpen tu enfoque y no vale la pena ofrecerles minutos de tu productividad? Es imposible acabar con ellas por completo, y puede que ni siquiera quieras hacerlo, pero siempre es útil pensar más detenidamente en lo que interrumpe tu trabajo.

Los correos electrónicos son un ejemplo de este tipo de distracciones: es importante tener un control sobre ellos, pero no es efectivo eliminarlos. Los correos electrónicos son como una bestia sobrecogedora: consumen mucha más atención que tiempo. (En cambio, las reuniones actúan de forma opuesta, por lo común consumen más tiempo que atención). Eliminar el correo electrónico no es una decisión realista, pero intenta ser más selectivo cuando revises los mensajes. Si lo consigues, recuperarás el control sobre tu atención. Si mantienes habilitadas las notificaciones de correo electrónico, permites que tus compañeros de oficina interrumpan tu trabajo —en el instante en el que recibes la notificación de un correo electrónico, has perdido el control—.Elegir los momentos en los que revisas voluntariamente tu correo electrónico es un síntoma de que mantienes el control sobre tu atención y te resistes a entrar en piloto automático.

Establecer un momento específico para atender cada una de tus distracciones (como el correo electrónico, las reuniones, las aplicaciones de móvil o las redes sociales) las convierte automáticamente en elementos con algún propósito dentro de tu estilo de vida. La tecnología debería servir a nuestras necesidades, no a las necesidades de cualquier otra persona que nos interrumpa.

Innumerables elementos reclaman nuestra atención a lo largo del día. Estos son los puntos negros de las distracciones: el flujo constante de notificaciones, los teléfonos móviles, el correo electrónico, las reuniones y, por último, Internet.

Las notificaciones

Una de las recomendaciones que propuse anteriormente en este libro fue que accediéramos al panel de configuración de todos nuestros dispositivos y desactiváramos los avisos sonoros o de vibración de las notificaciones. Si no cambias la configuración de tus dispositivos, permites que un flujo *constante* de interrupciones inunde tu vida. También vale la pena limitar las interrupciones de ciertas aplicaciones: no hay razón para que tu teléfono, tablet, reloj u ordenador te interrumpan para informarte de que has recibido un correo electrónico notificándote de las ventas de tu tienda favorita.

Desactivar las notificaciones de audio y de vibración es un simple y pequeño cambio, pero tiene consecuencias determinantes en la práctica: En vez de dejar que tu teléfono móvil decida cuándo puede interrumpirte, tú eliges cuándo puede hacerlo. En mi caso, me limito a revisar si tengo mensajes o notificaciones cuando miro el reloj de mi teléfono.

Cada notificación que recibes te distrae de la tarea que estás haciendo y te recuerda que existe un mundo digital infinito que te estás perdiendo. Las notificaciones son un arma de doble filo: aunque puedes echarles un vistazo en un segundo, ese instante en el que les prestas atención puede llevarte a un vértice de atención digital en el que perderás tranquilamente más de media hora. Hay pocas notificaciones que valgan esta pérdida de rendimiento.

No obstante, según la situación, hay notificaciones que no puedes bloquear. A menudo, cuando reviso mi correo electrónico, si estoy esperando algún mensaje importante de alguien en particular, activo las notificaciones de este remitente para que no esté todo el día pendiente del teléfono. Configurarlo de esta forma solo me requiere uno o dos minutos que enseguida recupero porque puedo enfocarme profundamente en mi trabajo. Además, permite que no esté preocupado o pendiente de revisar mi bandeja de entrada a cada momento. Configurar tu correo electrónico para que solo te notifique cuando recibes algún mensaje de unos «remitentes importantes» es posible en cualquier plataforma de correo electrónico. De nuevo, organizándote de este modo, tomarás el control y tú mismo decidirás los momentos del día en los que quieres ser interrumpido.

Del mismo modo, también puedes usar esta estrategia para bloquear las aplicaciones que te distraen. Uno de mis rituales diarios favoritos es activar el modo avión de mi teléfono desde las 8 de la tarde hasta las 8 de la mañana. Esa es la parte del día en la que dispongo de menos energía y soy más propenso a caer víctima de las distracciones. Además, muchos estudios demuestran que durante este espacio de tiempo es cuando menos capacidades mostramos para llevar a cabo multitareas[20]. Aun así, si crees que activar el modo avión es demasiado drástico o severo, al menos considera limitar su capacidad de distracción.

Tu teléfono móvil (y otros dispositivos)

Aparte de gestionar las notificaciones de tus dispositivos, vale la pena reflexionar sobre cuándo, dónde y cómo los usamos.

Probablemente, el teléfono móvil es el objeto más novedoso y estimulante que reclama tu atención. Sin duda, cuando tu labor de trabajo sea compleja o desafiante, este reclamará tentadoramente tu atención. Con el paso del tiempo, he ido cambiando la relación con mi teléfono: en vez de considerarlo como un dispositivo que debía mantener cerca de mí, empecé a verlo como un ordenador potente, pero molesto. Dejando a un lado su célula de radiocomunicación, nuestros móviles tienen las mismas funciones que un ordenador. Pero por alguna razón, quizá porque son altamente estimulantes, permitimos que nos interrumpan en todo momento; infinitamente más que los ordenadores. Nunca deberíamos otorgar tanto poder a un dispositivo tan pequeño.

Una vez empecé a considerar mi teléfono móvil como un tipo de ordenador, decidí guardarlo en la funda de mi portátil en lugar de en mi bolsillo. Y, lo más importante, me aseguré de tener una buena razón antes de encenderlo y revisarlo. Este cambio de actitud me ha permitido usar mi teléfono móvil adecuadamente, en lugar de hacerlo como un hábito. Cada vez que consultas el teléfono móvil sin ningún propósito, desvías tu atención sin motivo alguno.

Estos son algunos consejos más para evitar que tu teléfono (y otros dispositivos) se apoderen de tu vida:

- **Cuidado con los tiempos muertos.** Evita la urgencia de toquetear tu teléfono móvil cuando esperas turno en la panadería, das un paseo por el parque o estás en el baño. Aprovecha estas pequeñas paradas para reflexionar sobre lo que estás haciendo, para recargar las fuerzas y considerar otras opciones para tu trabajo o tu vida. En esos momentos, malgastar el tiempo en el teléfono móvil no es provechoso. Si lo haces, eliminas un valioso espacio de tu horario.

- **Intercambia tu teléfono.** Cuando vayas a cenar o a tomar el aire, intercambia el teléfono con un buen amigo o con la pareja. De este modo, si tienes que hacer alguna llamada o sacar un par de fotografías, no te quedarás sin la oportunidad de hacerlo. Lo harás sin ningún problema y, además, no te quedarás atrapado en tu mundo de distracciones personalizado.

- **Usa el modo avión estratégicamente.** Activa el modo avión de tu teléfono móvil cuando estés realizando una tarea importante o tomando un café con un compañero. Si no ofreces una atención de calidad, es imposible que consigas un tiempo de calidad. Habilitar el modo avión es un gran cambio en comparación a dejar tu teléfono móvil en el bolsillo a la espera de notificaciones o distracciones que puedan importunarte. El modo avión elimina completamente la posibilidad de que alguna notificación interrumpa tu trabajo. Más adelante, ya las atenderás libremente.

- **Compra un dispositivo «solo para distracciones».** Es posible que este consejo pueda parecer paradójico, pero recientemente me compré un iPad con un solo propósito: distraerme. En mi teléfono móvil mantengo las aplicaciones que uso para el trabajo (ninguna de correo electrónico) y para las distracciones uso el iPad. Si delego estas aplicaciones en el iPad (que a menudo se encuentra en otra habitación) puedo enfocarme más tiempo y más profundamente en el caso de que necesite el teléfono para trabajar. Comprar una tablet con este único propósito es una inversión importante, pero vale mucho la pena.

- **Crea una carpeta «Sin sentido».** Prueba con almacenar todas las aplicaciones que te distraen (las que te empujan hacia el piloto automático) en una carpeta titulada «Sin sentido» de tu teléfono o tablet. El nombre de esta te servirá como recordatorio de que te dispones a perder el tiempo si la abres.

- **Limpia la lista de aplicaciones de tu teléfono.** Desplázate por los menús de tu teléfono y elimina las aplicaciones en las que malgastas demasiado tiempo y atención —redes sociales incluidas—. Hacerlo puede resultar extrañamente reconfortante; como una suerte de renovación primaveral para tu teléfono móvil. Analiza qué aplicaciones tienes duplicadas en otros dispositivos: no es necesario tener el correo electrónico o una aplicación de inversiones en todos los dispositivos. Mantenerlas duplicadas estimula que las consultes compulsivamente.

Durante los últimos treinta años, un gran número de dispositivos electrónicos han invadido nuestra vida. En mi caso, el proceso empezó años atrás, con mi primer ordenador portátil. Más adelante adquirí un teléfono repleto de aplicaciones que no necesitaba y, por si no fuera poco, más tarde me compré otro con aplicaciones que distraían aún más. Luego compré un iPad y una pulsera inteligente. Estoy seguro de que en el futuro tendré algún dispositivo más.

Este sinsentido ejemplifica a la perfección una de las paradojas que más repetimos en la actualidad: añadir más dispositivos a nuestra vida sin preguntarnos el valor que tienen. Clayton Christensen, profesor en Harvard Business School, desarrolló un método efectivo para evaluar los dispositivos de tu vida. En su opinión, cada producto que compramos o contratamos debería cumplir una función para nosotros: compramos pañuelos a Kleenex para sonarnos la nariz; contratamos a Uber para ir de un lugar a otro; a Open Table para reservar una mesa en un restaurante; a Match.com para encontrar pareja.

«Compramos» nuestro teléfono móvil para que realice muchas de estas «tareas», quizá más que cualquier otro producto. Lo compramos para que haga las funciones de despertador, cámara, GPS, videoconsola, correo electrónico, reloj, tarjeta de embarque, reproductor de música, billete de metro, agenda, mapa y un sinfín de labores más. No es de extrañar que pasemos tanto tiempo usándolos.

A medida que vamos acumulando dispositivos, sus funciones se vuelven redundantes. La única razón por la cual tengo una tablet es porque la he «adquirido» como dispositivo de distracción. Si no necesitara este servicio en concreto, es probable que hubiera adquirido la tableta para que llevara a cabo las mismas funciones que mi ordenador y mi teléfono móvil: navegar por Internet o conectarme a las redes sociales. Sin duda, habría sido del todo innecesaria.

Recientemente, me he desprendido de mis controladores de actividad física por este mismo motivo. Aunque en un principio resultaron muy prácticos, me era imposible recordar para qué los había «contratado». Ya hace unos años me deshice de mi televisor y de la suscripción por cable, ya que Netflix se había convertido en mi elección preferida para el entretenimiento pasivo.

Antes de comprar un nuevo dispositivo, pregúntate: ¿Qué tareas quiero contratar que no pueden realizar mis dispositivos? Usar este tipo de lógica te permite reflexionar sobre el porqué de tus dispositivos, y lo que es más importante, te garantiza tener los dispositivos que realmente necesitas en tu vida.

Correo electrónico

En la economía del conocimiento, el correo electrónico es una de las mayores distracciones a las que nos enfrentamos todos los días, generalmente supone el mayor desafío tanto para las personas con las que trabajo como a las que asesoro (las reuniones ocupan un cercano segundo lugar).

Una de las mejores estrategias para controlar el correo electrónico es limitar las notificaciones que recibes; al fin y al cabo, son las responsables de tus interrupciones. El sesenta y cuatro por ciento de los trabajadores tienen activadas las notificaciones (tanto de audio como visuales) para que les avisen de los mensajes nuevos —si formas parte de esta categoría, probablemente pierdes mucho tiempo y atención con el correo electrónico[21]—.

Aparte de limitar las notificaciones de los mensajes nuevos, te presento mis diez mejores consejos para lidiar con el correo electrónico. Estas estrategias te ayudarán a revisar el correo electrónico de forma intencionada, y reducirán el tiempo de atención que inviertes en él. También pueden usarse para optimizar el uso de las aplicaciones de mensajería como Slack.

- **Si no tienes el tiempo, la atención o la energía necesarios para hacer frente a lo que puedas encontrar en tu correo electrónico, no lo abras en busca de mensajes nuevos.** Esta simple reflexión te permitirá estar seguro de que puedes hacer frente a cualquier mensaje nuevo, en vez de estresarte porque cada vez tienes más trabajo y más correos que atender.

- **Lleva la cuenta de las veces que revisas tu correo electrónico.** En general, un empleado común consulta el correo electrónico una media de once veces *cada hora*, es decir, más de ochenta veces a lo largo del día[22]. Es complicado realizar cualquier tarea con tantas interrupciones. Además, un estudio reveló que los empleados pasan alrededor de treinta y cinco minutos al día usando el correo electrónico. Cuando seas consciente del tiempo que te supone consultar de forma impulsiva tu correo electrónico, probablemente decidas reducir esa cantidad de tiempo por el alto costo de las interrupciones.

- **Determina de antemano cuándo consultarás tu correo electrónico.** Decidir de antemano cuándo revisarás nuevos mensajes es una magnífica idea para reducir la cantidad de veces que abres tu correo electrónico. El margen de tiempo que permanecen sin abrir el 70 % de los correos electrónicos en nuestra bandeja de entrada es de seis segundos. Por eso, desactivar las notificaciones te ayudará a trabajar más enfocado y con menos distracciones[23]. Personalmente, solo consulto mi correo electrónico una vez al día, concretamente, a las tres de la tarde. Además, mi correo genera una respuesta automática que advierte de mi horario a todos los remitentes. Si crees que consultar una sola vez al día tu correo no encaja con la realidad de tu trabajo, encuentra una frecuencia que sea compatible —no te preocupes, si reduces la frecuencia a menos de ochenta veces, lo estarás haciendo mejor que la media—. Es útil programar estos bloques de tiempo en tu horario y configurar una respuesta automática informando de tu disponibilidad, tanto para ganar tranquilidad como para que te sientas socialmente responsable. Si aun así no puedes soportar la tentación de consultar constantemente tu correo electrónico, instala un bloqueador de distracciones y corta por lo sano. El ochenta y cuatro por ciento de los trabajadores permanecen con el correo electrónico activado mientras trabajan para sus clientes, pero desconectarlo les ayudaría a enfocarse más allá de los cuarenta segundos.[24].

- **Concéntrate en el correo electrónico.** Si tu trabajo requiere que estés continuamente pendiente de los correos electrónicos, intenta hiperenfocarte mientras respondes los mensajes. Programa veinte minutos en un temporizador y, durante ese tiempo, envía tantos correos electrónicos como puedas. En el caso de que recibas un número extraordinario de mensajes, hiperenfocarte en tu bandeja de entrada durante veinte minutos —si lo crees oportuno los primeros veinte de cada hora— te permitirá responder a la gente rápidamente y realizar un trabajo significativo el resto del tiempo. Además, de este modo, los remitentes solo tendrán que esperar entre cuarenta y sesenta minutos para obtener una respuesta.

- **Limita tus puntos de conexión.** Solo se requieren diez segundos para llevar a cabo una de las estrategias más importantes para aumentar la productividad: elimina la aplicación del correo electrónico de tu teléfono móvil. En mi caso, solo tengo aplicaciones de correo en el ordenador y en la tablet de distracciones.

- **Elabora una lista de tareas pendientes externa.** Tu aplicación de correo electrónico es el peor lugar posible para elaborar una lista de tareas pendientes. Es un entorno confuso y abrumador, y constantemente aparecen nuevas tareas que atender. En estas condiciones, no es fácil priorizar las labores ni decidir lo que es realmente importante. Una simple lista de tareas pendientes —una lista donde apuntas brevemente qué debes hacer durante el día, con tus tres intenciones diarias a la cabeza— es algo mucho más simple y mucho más poderosa. Mientras que con la aplicación de correo electrónico necesitas seguir unos pasos determinados para crear una lista de tareas determinada, apuntarlo en una agenda o en un papel te dejará mucho más tranquilo, y será mucho más fácil organizarte.

- **Crea dos cuentas de correo electrónico.** Actualmente, uso dos cuentas de correo electrónico: una pública y otra privada (para mis colaboradores más cercanos). La cuenta pública la reviso estrictamente una vez al día, mientras que con la privada puedo tener la libertad de revisarla unas cuantas veces. En determinados casos, esta es una de las estrategias que más vale la pena adoptar.

- **Tómate vacaciones del correo electrónico.** Si estás absorto en un gran proyecto, configura una respuesta automática en tu correo electrónico para advertir a los remitentes que estarás fuera de línea durante un par de días, pero que, aun así, si surge alguna urgencia, te podrán contactar por teléfono o localizar en la oficina.

- **Usa la regla de los cinco sentidos.** Para ganar tiempo y respetar el tiempo de los destinatarios de tus correos electrónicos, no te excedas en la extensión de los mensajes. Emplea cinco líneas para redactar tus mensajes y agrega una nota a tu firma explicando el motivo. Si tienes la necesidad de escribir más, considéralo como una señal para que utilices el teléfono. A menudo, esta estrategia puede ahorrarte la necesidad de realizar un intercambio de correos electrónicos innecesariamente prolongado.

- **Tómate un tiempo antes de responder un mensaje importante.** Responder todos los mensajes de inmediato no siempre vale la pena, sobre todo cuando te encuentras agobiado emocionalmente. Es más, a veces hay respuestas que es mejor no llegar a enviar nunca. Para los mensajes importantes, las negociaciones en caliente o para los correos que requieren de más reflexión, no dudes en tomarte un tiempo antes de responder, deja que tu mente se relaje unos instantes para que, cuando regrese, lo haga con ideas nuevas y mejores.

Sea cual sea nuestra dedicación, el correo electrónico es uno de los elementos más estresantes de nuestro trabajo. En un estudio en el que se privaba su uso a los participantes, se descubrió que, al cabo de una semana, su ritmo cardíaco había disminuido y se encontraban más relajados. Además, los sujetos de estudio interactuaban mejor con sus compañeros, trabajaban durante más tiempo en una misma tarea y se enfocaban con más facilidad. La ausencia del correo electrónico permitía que la gente trabajara más lentamente, pero de forma más intencionada. Cuando el estudio finalizó los participantes describieron la experiencia como liberadora, relajante y refrescante[25]. Aunque es impensable deshacerse por completo del correo electrónico, prueba estas estrategias y descubre cuál es la que encaja mejor contigo.

Reuniones

Otra gran distracción que afecta de forma considerable nuestra atención en el trabajo son las reuniones. Estas consumen una extraordinaria cantidad de tiempo. Un estudio reciente descubrió que los trabajadores invierten un 37 % de su tiempo de trabajo asistiendo a reuniones, lo que significa que, en una jornada laboral de ocho horas diarias, cada día te encuentras tres horas reunido[26].

Las reuniones son extremadamente costosas; reúne un pequeño grupo de personas en una sala de conferencias durante una hora y correrás el riesgo de perder todo un día de trabajo. No se trata del tiempo que necesita cada cual para enfocarse y centrar la atención en el objeto de la reunión. En realidad, no hay nada de malo en hacer reuniones, pero las reuniones sin ningún propósito son una carga tremenda que lastra la productividad de una oficina moderna[27].

A continuación, te detallo cuatro de mis métodos favoritos para que te hagas cargo de las reuniones a las que asistes y para que les saques un mejor rendimiento:

- **Nunca asistas a una reunión sin una agenda establecida.** *Nunca.* Una reunión sin objetivos es una reunión sin ningún propósito. Siempre que asisto a una reunión en la que no existe un orden del día, sin importar con quién me reúna, pregunto por los objetivos de esta. Habitualmente, quienquiera que la haya programado descubrirá que el propósito de la reunión puede lograrse con un par de correos electrónicos o con una llamada telefónica. No asistas a una reunión sin una agenda establecida, tu tiempo es muy valioso.

- **Reconsidera todas las reuniones rutinarias de tu agenda.** A menudo, no acertamos a calibrar el valor de las reuniones de control. Examina las que tienes marcadas en tu calendario y evalúa la importancia de las reuniones que de verdad merecen tu tiempo y atención. Algunas son realmente importantes, porque te permiten conectar y aprender más sobre lo que está haciendo tu equipo, pero otras no merecen la pena. Sin duda, no será fácil librarse de ellas, pero tomarte unos minutos para salir de ellas de la manera más elegante posible te permitirá aprovechar mejor tu tiempo en otras actividades más importantes.

- **Cuestiona la lista de asistentes.** ¿Son imprescindibles todos los asistentes? Normalmente, la respuesta suele ser no. Si eres el director o el líder de un equipo, comunica a los participantes cuya presencia no es necesaria que, si bien no existe ningún problema en que asistan, su asistencia es opcional si tienen alguna tarea más importante que atender.

- **Pon toda tu atención en las reuniones.** Prestar toda tu atención en una reunión que consume gran parte de tu tiempo y energía no es sencillo. Pero, una vez has tomado la decisión de asistir, vale la pena implicarte en cuerpo y alma. En caso contrario, corres el riesgo de desconectarte. Mantén tu teléfono móvil y tu ordenador en un segundo plano, y concéntrate en los temas que se están tratando. Contribuye en lo que creas oportuno y ofrece tu ayuda en cualquier situación que lo requiera. Colabora para que la sesión mantenga un ritmo adecuado y la gente pueda aprovechar el tiempo. Al fin y al cabo, siempre puedes sacar provecho de una reunión.

Algunas de las mejores estrategias en productividad —entre las cuales incluyo las anteriores— pueden parecer obvias a simple vista. En realidad, se trata de aplicar el sentido común. Sin embargo, el mayor beneficio que ofrece cualquier libro relacionado con la productividad es que proporciona las herramientas para reflexionar sobre tu trabajo, y para encontrar qué estrategias puedes realizar de forma distinta. Como dice el refrán: «El sentido común, a veces, es el menos común de los sentidos».

Internet

La mayor parte de las distracciones que hemos tratado en esta sección tienen un elemento en común: provienen de Internet. No hay duda de que Internet es una herramienta muy poderosa, pero también es capaz de distraernos e interrumpirnos de tal manera que acabemos por activar el piloto automático mientras trabajamos. Del mismo modo que nuestra mente es capaz de divagar mientras trabajamos, a menudo navegamos por Internet en este mismo estado de ensoñación, el cual propicia que deambulemos por las páginas web sin ningún tipo de intención.

Mientras que reducir las distracciones y crear una estrategia de trabajo libre de estas es útil para ayudarte a trabajar respetando tus intenciones, es posible que valga la pena llevar tus precauciones un paso más allá y optes por desconectarte de Internet *completamente*. No solo puede resultar beneficioso para el trabajo. Mantenerse desconectado de la red durante el periodo de doce horas que pasamos en casa también puede resultar relajante y revitalizador. Cuando estás de viaje, siempre te muestras mucho más productivo y dinámico después de estar desconectado durante un espacio de tiempo determinado. En realidad, malgastas la mitad de tu tiempo de conexión en tonterías. La mayoría de las veces, los beneficios de estar conectado nunca compensan la cantidad de tiempo que has perdido navegando por la red.

No te limites a comprender lo que digo. Ve más allá. Este domingo, desconéctate de Internet durante todo el día y anima a tu familia a que siga el ejemplo. En lugar de contratar un servicio de conexión a Internet durante cualquier viaje, trabaja en proyectos que no necesiten de ningún tipo de conexión. Luego, pregúntate: ¿Te sientes más descansado? ¿Eres capaz de trabajar sin Internet? Estoy seguro de que las respuestas que obtengas te motivarán a limitar el acceso a Internet en un futuro.

SIMPLIFICAR TU ENTORNO

Varios años atrás, trabajé en el departamento de recursos humanos de una gran compañía. En el escritorio de una de mis compañeras, Penny, siempre se encontraba un pequeño cuenco que contenía gominolas. El hecho, de por sí, no tenía nada de especial, pero lo que me llamó la atención fue que *apenas probaba ninguna*. No era que no le gustasen las gominolas, en realidad no sentía atracción por este tipo de caprichos. Cada día comía alguna, pero dejaba el resto para que los demás se las acabaran.

Es posible que yo me comiera el 90 % de esas gominolas. Cada vez que me dirigía a la oficina de Penny, cogía un puñado (una cantidad que, en mi opinión, siempre superaba los límites aceptables de la generosidad). Si el cuenco de gominolas se hubiera encontrado en mi despacho, por la tarde no habría rastro de ellas. (Este último viernes, mi prometida y yo organizamos una fiesta. Sobraron dos bolsas de patatas. En dos días no quedaba nada. Me las comí sin pestañear).

Mis amigos a menudo se sorprenden cuando les cuento este tipo de anécdotas. Están convencidos de que alguien que investiga y experimenta con la productividad durante gran parte de su jornada laboral debe tener un poder de autocontrol sobrehumano. Pero al mismo tiempo que soy capaz de lidiar con las distracciones digitales mientras escribo o trabajo, existen otras tentaciones que trato de controlar antes de que se manifiesten. Como la comida es mi talón de Aquiles, he modificado mi entorno para evitar que los tentempiés o la comida poco saludable entren en mi casa, y en el caso de que esto ocurra, siempre le pido a alguien que la esconda.

El entorno es una influencia determinante en nuestra conducta, tanto para la comida como para las distracciones. Los menús de comida a domicilio que tienes colgados en la nevera son un constante reclamo que te recuerda que solo una llamada te separa de una comida sabrosa y poco saludable —del mismo modo que llenar la nevera con vegetales y hummus te recuerda que lo recomendable es comer sano—. Situar las tres intenciones que has establecido en un lugar visible te ayudará a trabajar en lo que te propones, pero dejar encendido el televisor en tu habitación te recordará que, con tan solo apretar un botón, puedes acceder a un mundo de noticias y entretenimiento inacabable. Si organizas la distribución del comedor alrededor del televisor, el efecto será el mismo: las sillas, el sofá o cualquier mueble te recordarán que el televisor está al alcance de tu mano. Dejar tu teléfono móvil en la mesa mientras desayunas es un señuelo para que accedas al mundo de distracciones que te está esperando en la red.*

Las influencias del entorno nos afectan de muchos modos distintos. Un estudio llevado a cabo en una cafetería analizó los patrones de conversación de los clientes, y descubrió que aquellos que situaban su teléfono móvil enfrente de ellos mientras hablaban lo revisaban cada cinco minutos, «sin importar si habían recibido una llamada o un mensaje». Como destacaba el estudio, «incluso cuando los teléfonos no están activos, sonando, vibrando o con las notificaciones activadas, representan un portal ineludible con el cual acceder a las redes sociales o a un inmenso compendio de información[28]». Por otro lado, otro estudio concluyó que «la sola presencia de un teléfono móvil ubicado dentro de nuestro campo visual interfiere con la cercanía, la conexión y la calidad de las relaciones con las demás personas[29]».

Habitualmente, estos señuelos del entorno desvían la atención de lo que realmente nos importa; además, a nivel personal,

---

* Esta es la paradoja de usar los teléfonos móviles cuando socializamos con otras personas. Usamos nuestros dispositivos para cultivar las relaciones con las demás personas, pero ningún teléfono móvil es capaz de recrear la intensidad de una relación en persona.

fomentan que nuestras experiencias sean mucho menos significati-vas. En realidad, no interrumpen directamente nuestra actividad, pero pueden perjudicar nuestra productividad y vida personal de la misma manera que las notificaciones o las distracciones. Por ejemplo, estos señuelos pueden ser determinantes cuando nuestro cerebro busca distracciones para no empezar una tarea compleja. Nuestro entorno de trabajo debería estar adaptado correctamente para evitar estos señuelos de distracción. Cuando nuestro teléfono móvil, tablet o televisor se encuentran en otra habitación, nos desenfocamos con menos frecuencia, nos acostumbramos a traba-jar en un entorno menos estimulante y nos aseguramos de que el entorno que nos rodea es menos estimulante que nuestro trabajo.

Si eliminamos los señuelos novedosos del entorno, permitimos que nuestro cerebro desarrolle la habilidad de enfocarse mejor. Merece la pena reflexionar sobre los señuelos que permites en tu entorno de trabajo y cuestionar de qué manera afectan a tu productividad.*

Desde que tomé consciencia de la cantidad de tiempo y atención que dedicaba a mis dispositivos electrónicos, como mi teléfono o mi tablet, rara vez los mantengo en mi entorno inmediato, a no ser que tenga un propósito para ellos. Actualmente, mi tablet siempre se encuentra en otra habitación, y mi teléfono móvil en una mesa

---

* Los señuelos o pistas de tu entorno son muy poderosos, incluso la lim-pieza de tu oficina tiene un fuerte impacto en tu productividad. Los estudios demuestran que un entorno organizado es más propicio para enfocarse, y uno desordenado, para la creatividad[30]. Por este motivo, si pretendes que todos los participantes en una reunión se centren en un proyecto, organízala en una sala limpia y con pocas distracciones. En cambio, si quieres romper con lo conven-cional o realizar una sesión de *brainstorming*, celebra la reunión en un lugar más desordenado. Si no hay una sala de reuniones desordenada en la oficina, organiza una reunión al aire libre, donde todo el mundo está expuesto a los estí-mulos perceptivos del exterior. (Aunque, ten en cuenta que se ha demostrado que realizar ejercicio físico durante una reunión disminuye el rendimiento cog-nitivo. Sin embargo, el rendimiento aumenta *después* de una caminata[31].)

al otro extremo de mi despacho, lejos de mi alcance.* Enfrente prefiero colocar otros elementos: un cojín de meditación, un par de pesas ajustables, distintas plantas, una taza de té matcha, fotografías de mi familia, un Fidget Cube, una pizarra y mi tortuga, Edward tumbada encima de su piedra** favorita. Estos elementos no condicionan mi atención durante mucho tiempo. No tienen la complejidad de un teléfono móvil. Por ello, son incapaces de secuestrar mi atención. Si por error mi mente se distrae con alguno de ellos, es más fácil darme cuenta de que mi mente está divagando. De este modo, puedo regresar a mi trabajo con más celeridad.

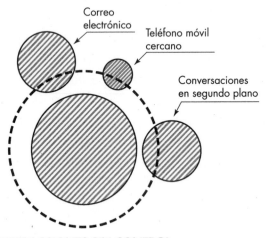

DISTRACCIONES SIN CONTROL

---

* Un estudio descubrió que, cuando una distracción se encuentra a más de veinte segundos de distancia (es decir, ir a la despensa a buscar una bolsa de patatas, ir a buscar tu teléfono móvil a otra habitación o reiniciar tu ordenador para poder acceder a Internet), nos proporciona suficiente distancia temporal como para que no caigamos víctimas de su atracción y podamos controlar nuestros impulsos. Es en este breve espacio de tiempo, entre el impulso y la acción, donde recuperamos el control de nuestra atención. Por ello, introducir retrasos de veinte segundos en las distracciones nos permite ser conscientes de nuestras intenciones y favorece que opongamos resistencia a los impulsos naturales[32].
** Una larga historia...

Cualquier objeto novedoso amenaza tu espacio de atención y te impide enfocarte en una sola cosa.

Para que tu entorno sea más propicio para vivir o trabajar, deberías eliminar los elementos que podrían atraer tu atención y desenfocarte.

Hacerlo no supone ningún problema:

1. **Toma nota de las distracciones que te rodean.** Es especialmente importante tomar nota de las distracciones que afectan el lugar en el que llevas a cabo tus trabajos más exigentes. Realiza una lista de distracciones potenciales, desde la tablet de tu escritorio hasta el compañero con el que compartes la oficina. Luego, reflexiona: ¿Cuál de ellos es más estimulante que tu trabajo?

2. **Toma distancia.** Del mismo modo que ocurre con las distracciones, tampoco es posible controlar todos los estímulos ambientales de antemano, pero sí puedes hacerlo con la mayoría. Haz un plan para eliminar aquellos objetos de atención atractivos de tu entorno para no sentirte tentado por ellos.

3. **Introduce señuelos productivos en tu entorno.** No todos los estímulos ambientales son perjudiciales; además, nadie quiere trabajar en un entorno aburrido y frío. Por ejemplo, se ha demostrado que las plantas tienen un efecto relajante —evolucionamos para estar cómodos en la naturaleza, no en los cubículos[33]—. Colgar una pizarra en tu despacho estimulará la parte creativa de tu cerebro y te permitirá escribir las tres intenciones diarias que has establecido por la mañana. Ordenar en una estantería tus libros favoritos también te ayudará a organizar mejor las ideas de tu trabajo. Tener a mano un Fidget Cube en tu escritorio es un señuelo para descansar, divagar o considerar ideas de vez en cuando. Dejar un libro en tu mesita de

noche (en lugar de tu teléfono móvil) te ayudará a dedicar más tiempo a tus lecturas. Situar la fruta en un bol sobre la mesa, en vez de dentro de la nevera, te ayudará a llevar una dieta más saludable.

La higiene y organización de tu espacio vital o de trabajo también es un elemento importante. Asegúrate de ordenar tu espacio cada vez que termines de usarlo, ya que, si llegas a casa y encuentras un montón de platos en el fregadero y ciertos objetos esparcidos por todo el piso, experimentarás una sensación de desasosiego porque restan tareas por hacer. Lo mismo puede aplicarse a tu espacio de trabajo: mantén limpio de papeles tu escritorio, cierra todas las ventanas de tu ordenador (ordena las carpetas del escritorio) y archiva los correos electrónicos que hayas recibido ese día. De este modo, cuando regreses al trabajo a la mañana siguiente, serás capaz de enfocarte inmediatamente en tus propósitos, en lugar de agobiarte por las tareas del día anterior. Organizar tu entorno digital es tan importante como organizar tu espacio mental.

Como te habrás dado cuenta, las pistas o estímulos del entorno también pueden ser de utilidad para nuestras actividades futuras. Por

Si preguntas a la gente en qué lugar creen que son más productivos, raras veces te responderán «en la oficina». En realidad, la gran mayoría te nombrará cualquier lugar excepto la oficina —la cafetería, el aeropuerto, el tren o su casa—. El motivo de esta circunstancia es que esos entornos más productivos carecen de las distracciones o los señuelos de una oficina. Es decir, no escuchamos constantemente las opiniones de los compañeros sobre nuestro trabajo o no paseamos por las salas de reunión donde tratamos los progresos del proyecto. A veces, cambiar el lugar de trabajo mejora nuestra capacidad de enfoque.

ejemplo, si cuelgo en la pizarra los tres objetivos que tengo la intención de realizar al día siguiente, eso será lo primero que vea por la mañana. O, si necesito acordarme de llevar unos documentos concretos a una reunión, siempre los dejo cerca de la puerta para que pueda verlos antes de salir.

MÚSICA

Existe un gran número de factores ambientales que afectan el enfoque —incluso, hasta cierto punto, la temperatura de la oficina repercute en la productividad—.* Antes de analizar cómo tu entorno mental influye en tu productividad, me gustaría centrarme en otro factor externo. Puede ser algo que te resulte familiar: la música.

Mientras me documentaba para este libro, entrevisté a uno de los músicos más populares de nuestro tiempo. Uno que ha vendido más que Prince, Britney Spears, Justin Bieber o Bob Dylan. Prácticamente sin ayuda, es autor de innumerables bandas sonoras, y sus vídeos atraen fácilmente millones de visitas en YouTube.

Sin embargo, aunque es probable que reconozcas su música, seguramente esta será la primera vez que escuches su nombre: Jerry Martin. Jerry ha compuesto la banda sonora de videojuegos como The Sims o SimCity (juegos que han vendido más de cien millones de copias en el mundo entero). Además, también es el autor de varios anuncios de Apple, General Motors o la NBA. Como es el creador de algunos de los temas musicales más

---

* Un estudio descubrió que la temperatura ideal para ser más productivos se encuentra entre 21 y 22 grados centígrados[34]. Una temperatura inferior incrementa el número de errores, y las temperaturas elevadas, es decir, más de 30 grados centígrados, disminuyen la productividad un 10 %. Cada cual tiene sus particularidades, por esto estas medidas son orientativas.

productivos de la historia, la música de Jerry es el punto de partida perfecto para saber cómo la música afecta a la productividad.

Los estudios sugieren que la música que tiene un efecto positivo en la productividad y en el enfoque de una persona, posee dos atributos esenciales: te resulta familiar (por eso cada cual tiene sus gustos) y es relativamente simple[35]. La música de Jerry posee ambos atributos. Te resulta acogedoramente familiar (está influenciada por los compositores más famosos como George Gershwin), nunca tiene una letra que pueda distraerte y es sencilla. Como me dijo Martin: «Cuando pones demasiada estructura en la música, tiendes a enfocarte en ella. El mejor tipo de música es el que se encuentra en un segundo plano. En realidad, si se escucha atentamente no tiene nada que ofrecerte. Es una música homogénea, que cambia sin darte cuenta, y que estimula tu dedicación y concentración en los juegos».

Personalmente, me encanta escribir mientras una canción va repitiéndose en bucle en el reproductor. De hecho, llevo escuchando la misma canción depresiva de Ed Sheeran durante la última hora.

Sin embargo, algunas investigaciones también sugieren que la música será más productiva dependiendo del espacio de atención que nos ocupe. La música ocupa al menos una pequeña porción de tu espacio de atención —más pequeña si la música es simple, si te resulta familiar y si es sin letra—. En consecuencia, si quisiéramos concentrarnos, la música nunca sería rival de un espacio tranquilo y en completo silencio. Pero raras veces uno tiene la oportunidad de encontrar un espacio tranquilo y sin ruido.

Si te encuentras trabajando en una cafetería concurrida, la música puede ayudar a disimular las conversaciones de tu alrededor, que son mucho más estimulantes y complejas que una simple melodía. Si un compañero de trabajo está atendiendo una llamada en el cubículo adyacente, es mucho más productivo ponerse unos auriculares y escuchar música. (Un estudio observó que escuchar solo la parte correspondiente a uno de los dos interlocutores que intervienen en una conversación telefónica requiere mucha más concentración que escuchar las dos partes, porque tu cerebro trabaja el doble para intentar rellenar los espacios en blanco del diálogo correspondientes al otro interlocutor. En consecuencia, ocupa tu espacio de atención[36] en mayor medida).* Para mí, la serenidad que ofrece la música en los auriculares en un vuelo ruidoso es mucho más agradable que el rugido del motor de un avión. Además, cuando me encuentro en una cafetería y sin razón aparente cambian la emisora de música y sintonizan otra que emite una tertulia o un debate, siempre conecto mis auriculares y escucho música.

Tu experiencia acerca de cómo afecta la música en tu productividad dependerá de la naturaleza de tu trabajo, de tu entorno de trabajo y de tu personalidad —por ejemplo, la música perjudica más el rendimiento de la gente introvertida que el de la gente extravertida[39]—. Sin embargo, en términos generales, si quieres enfocarte, una música simple y familiar siempre será de gran ayuda.

---

* Las distracciones en segundo plano son un fenómeno real: un experimento se propuso evaluar si los estudiantes que asistían a una conferencia obtendrían una puntuación significativamente peor si tuvieran al alcance de su vista a un compañero de clase realizando varias tareas en un portátil. Los resultados revelaron que los estudiantes que se distrajeron con el portátil de su compañero obtuvieron un promedio de 56 puntos sobre cien en una prueba de seguimiento, mientras que los que no se distrajeron obtuvieron una puntuación de 73 sobre cien. Eso puede ser el equivalente a pasar de un aprobado a un notable[37]. Por esta razón, algunos investigadores abogan por crear un «aula de atención» en la que los estudiantes aprendan a ser conscientes de los costes de las distracciones. Por otro lado, el uso excesivo de los ordenadores en las aulas también puede ser sintomático de un problema mayor, como que la clase es aburrida y los estudiantes no estén interesados en la materia[38].

DESPEJAR TU MENTE

No todas las distracciones son externas. En realidad, nuestra cabeza dispone de mucho material con el que distraerse. A menudo, cuando estamos escribiendo un informe, nos acordamos de que teníamos una reunión que empezó cinco minutos antes. O cuando llegamos a casa después de trabajar, nos damos cuenta de que no pasamos por la panadería a comprar el pan. Aprender a despejar nuestra mente de esos «bucles abiertos» es crucial para que no interfieran en los momentos que queremos enfocarnos.

Sería imperdonable hablar del enfoque y la productividad sin mencionar el trabajo de David Allen. Allen es el autor de *Getting Things Done*, un libro con una premisa muy simple: nuestro cerebro está programado para *tener* ideas, no para almacenarlas. Es decir, un cerebro limpio es un cerebro productivo.

En realidad, si tienes una agenda personal, ya sabrás de lo que estoy hablando. Nunca serías capaz de pensar con claridad si tuvieras que acordarte de todas las citas y reuniones que tienes programadas sin ayuda alguna. En realidad, estarías demasiado estresado porque deberías ocupar gran parte de tu espacio de atención para organizar los eventos futuros. Tener una lista de tareas pendientes respeta el mismo principio: cada tarea que entra en la lista y sale de tu cabeza es una tarea menos que te molestará cuando te dispongas a trabajar. Pensarás con más claridad y estarás mucho más satisfecho con tu trabajo.

Cuando externalizas tus compromisos y tareas sucede algo maravilloso: trabajas sin reproches, preocupaciones o dudas. Los reproches aparecen cuando no estás conforme con tu trabajo anterior. Las preocupaciones, cuando tu trabajo futuro no está organizado. Y las dudas o el estrés, cuando estás tenso con tu trabajo actual. Estos sentimientos se desvanecen cuando estableces unas intenciones y organizas un plan de choque para afrontar las tareas importantes.

Entonces, serás capaz de pensar con claridad. Externalizar lo que sucede en tu mente significa que las tareas o compromisos pendientes no interrumpirán tu espacio de atención mientras trabajas.

Hacer uso de una agenda o una lista de tareas pendientes transforma las distracciones internas en señales externas que te ayudan a gestionar mejor tu trabajo. De este modo, ya no es necesario que te acuerdes de todas y cada una de las reuniones programadas, tu agenda lo hará por ti. Tampoco será necesario que tengas en mente qué tareas son las más importantes, la lista de tareas pendientes lo hará por ti, especialmente si has añadido tus tres intenciones principales de ese día en la cabecera.

Este concepto va mucho más allá de organizar tus tareas o compromisos. Apuntar en una lista las distracciones de tu cabeza mientras estás enfocado en tu trabajo te permitirá eliminarlas de tu espacio de atención, volver a concentrarte más rápidamente en lo que estás haciendo y ocuparte de ellas más tarde (ver capítulo 0.5). Si tienes tendencia a preocuparte demasiado, elabora una lista con todos los pendientes que te impacientan, (a la vez que consideras la importancia de cada uno de ellos). Recopilar las ideas que se te ocurren mientras dejas descansar y divagar tu mente te permitirá aprovecharlas más adelante. Además, elaborar una lista en la que aparezcan todos los proyectos o compromisos que tienes pendientes —que incluya los correos electrónicos, las cartas, los paquetes o las llamadas que esperas— te ayudará a sacarlos de tu cabeza, y te liberará de preocupaciones.

Algunas personas se las apañan con unos mínimos indispensables (con la ayuda de una lista de tareas pendientes y una agenda) y consideran que las listas adicionales son más engorrosas que útiles. Otras, piensan más claramente cuando capturan cada pequeño detalle que se les ocurre. Personalmente me encuentro en un punto intermedio. Crea tu propia fórmula. Puedes empezar, por ejemplo, estableciendo tres intenciones cada día y ayúdate de una lista de tareas pendientes y una agenda. Los bucles mentales no resueltos pueden llamar tu atención en cualquier momento del día, especialmente cuando estás inmerso en tus tareas más importantes. Deshazte de ellos para enfocarte más y mejor en tu trabajo.

Apunta sin reparo todas las preocupaciones o ideas que aparecen en tu cabeza, y crea el hábito de revisarlas una a una cuando tengas un poco de tiempo. Esta es la clave para liberar un espacio de atención que podrás aprovechar para mejores propósitos.

TRABAJAR CON PROPÓSITO

Esta es una verdad fundamental sobre la concentración: tu cerebro siempre se resistirá a realizar las tareas más complejas, especialmente aquellas que debes empezar; y cuando eso ocurre, siempre buscará cosas más novedosas y estimulantes para hacer en su lugar. Cuando hayas despejado tu entorno de trabajo de distracciones, interrupciones o señuelos que pueden sacarte del camino que te has propuesto, podrás lograr tus objetivos. Este capítulo es más extenso por una simple razón: hay mucha maleza para desbrozar, antes de que puedas hiperenfocarte correctamente.

Acuérdate de las tres fórmulas que podemos usar para evaluar la calidad de nuestra atención: cuánto tiempo inviertes intencionadamente, cuánto tiempo puedes mantenerte enfocado en una tarea y cuánto tiempo divaga tu mente antes de volver a centrarse.

Estas tres fórmulas están respaldadas por las tácticas de este capítulo:

- Crear un modo sin distracciones te permite reservar tiempo para trabajar con intención al eliminar los objetos de atención más estimulantes que normalmente desviarían tu enfoque.
- Trabajar con menos distracciones te permite eliminar todos los objetos de atención novedosos a lo largo del día, a la vez que recuperas la atención para lo que sí importa.

- Usar estos dos modelos de trabajo te permite entrenar a tu cerebro para que se enfoque más eficazmente y no se pierda en divagaciones.

- Simplificar tu entorno de vida y trabajo elimina una gran cantidad de distracciones tentadoras.

- Despejar tu mente de bucles mentales que te distraen te permite trabajar con más claridad, y libera más espacio de atención para tus tareas productivas.

Un último beneficio que nos proporciona eliminar las distracciones de antemano es que puedes obtener la libertad para trabajar a un ritmo más lento y con mayor compromiso. Por ejemplo, un estudio reveló que si mandamos mensajes de texto mientras leemos algo, nuestro tiempo de lectura puede prolongarse entre un 22 y un 59 por ciento extra[40]. No importa si trabajas a un ritmo más lento y más deliberado si estás continuamente trabajando en la dirección correcta. Lo que pierdes en velocidad, lo compensas con intencionalidad.

Generar más espacio de atención para las tareas que debes realizar también te permite trabajar con mayor conciencia de las distracciones que te afectan, de cómo te sientes con respecto a tu trabajo, de la energía de la que dispones o de si necesitas un descanso. Además, serás capaz de detectar las tentaciones y los impulsos que te afectan, y podrás evitar caer en sus trampas más a menudo.

Por el momento, hemos tratado las cuatro etapas del hiperenfoque: elegir un objeto de atención, eliminar las distracciones, enfocarse en una tarea y volver al trabajo.

Ahora hablemos de cómo puedes convertir en hábito preparar el escenario para este estado mental súper productivo, aumentando el tamaño de tu espacio de atención y superando tu resistencia al hiperenfoque.

CONVERTIR EL HIPERENFOQUE EN UN HÁBITO

¿CÓMO SE DISTRAE NUESTRA MENTE?

En la actualidad, existe un gran número de estudios que analizan por qué nuestra mente se dispersa cuando se dispone a enfocarse[1]. Particularmente si...

- Estamos estresados o aburridos
- Trabajamos en un entorno caótico
- Estamos ocupados pensando en los problemas personales
- Cuestionamos la importancia o la productividad de la labor que realizamos
- No usamos nuestro espacio de atención (si no lo ocupamos, es más probable que nuestra mente tenga episodios de dispersión).

Ya hemos tratado estos factores:

- **Estar estresado o aburrido:** El estrés aparece cuando las exigencias de una situación exceden nuestra habilidad para gestionarla. Si eres capaz de mantener despejada una parte de tu espacio de atención, no tendrás ningún problema para hacer frente a las nuevas condiciones que se presenten[2].

- **Trabajar en un entorno caótico.** El aburrimiento es la sensación que se deriva de pasar de un estado estimulante a otro de poca intensidad. Si nos acostumbramos a trabajar con menos estímulos —activando nuestro modo libre de distracciones y trabajando con menos estímulos a nuestro alrededor—, raras veces nos expondremos a esta brecha de estimulación, el aburrimiento no se presentará y lograremos que nuestro espacio de trabajo no sea tan caótico.

- **Pensar en los problemas personales.** Tomar nota de los bucles abiertos que se instalan en tu mente de forma recurrente (mediante una lista de tareas pendientes o una de preocupaciones) evita que los elementos no resueltos asalten nuestra mente mientras intentamos enfocarnos. Esto nos ayuda a gestionar mejor los entornos caóticos y a dejar de lado las preocupaciones personales. Cambiar de tareas con menos frecuencia también nos ayuda a pensar con más claridad: experimentamos menos residuo de atención, que puede afectar nuestro limitado espacio de atención.

- **Cuestionarnos si estamos trabajando en la tarea más importante o productiva.** Trabajar con intención es la mejor manera de no experimentar dudas sobre lo que deberíamos estar haciendo. Estas dudas propician que nuestra mente se disperse y desvincule las acciones de nuestras intenciones.

- **Usar la mayor parte de tu espacio de atención.** Activar el hiperenfoque para tratar las tareas más complejas consumirá, por defecto, la mayor parte de nuestro espacio de atención. En consecuencia, nuestra mente no tendrá la posibilidad de caer en esos estados de dispersión o mente errante.

Las estrategias de este libro son efectivas por una simple razón: te enseñan a enfocarte más profundamente, a la par que salvaguardan tu mente de las divagaciones sin sentido. Más adelante, analizaremos otros factores que favorecen la dispersión de la mente, como el grado de felicidad o el de agotamiento. (Tu nivel de felicidad afecta la atención de muchas y sorprendentes maneras).

Aunque, por ahora, centrémonos en el factor de dispersión más interesante: el espacio de atención que debemos reservar.

EL PODER DE HACER QUE TU TRABAJO SEA MÁS EXIGENTE

Según su complejidad, las tareas necesitan distintas cantidades de espacio de atención. Si alguna vez has practicado la meditación, sabrás que concentrarse en la respiración durante unos minutos no es una tarea fácil; la mente se distrae con mucha facilidad, mucha más que cuando practicas deporte, mantienes una conversación profunda o miras una película. Como te habrás dado cuenta, estas tareas son más complejas y de modo natural, ocupan más tu espacio de atención.*

Por esta razón, añadir de modo consciente algún tipo de complejidad a tus tareas o elegir las que sean más exigentes es un camino efectivo para poder acceder a un estado de hiperenfoque, ya que requerirán más de tu atención. De este modo, podrás mantenerte más comprometido con tu trabajo y evitarás que tu mente se disperse con menos frecuencia.

---

* El poder de la meditación consiste en controlar la mente para que pueda enfocarse en un objeto de atención sencillo y pequeño, lo que facilita el enfoque en cosas más complejas. Por lo tanto, tu mente se dispersa con menos frecuencia, puedes enfocarte más profundamente y durante más tiempo, y la calidad de tu atención aumenta drásticamente. Las prácticas de meditación son menos abrumadoras de lo que piensas y vale la pena intentarlo.

En el revolucionario libro de Mihaly Csikszentmihalyi, *Flow*, se exponen detalles fascinantes sobre cuándo es más probable que entremos en un estado de fluidez. Ese estado que se produce es cuando el reto de completar una tarea es similar a nuestra capacidad para realizarla, y nos sumergimos completamente en ella. En cambio, cuando nuestras habilidades superan con creces las exigencias de una tarea (como cuando registramos números sin sentido en una base de datos), nos aburrimos. Por otro lado, cuando las exigencias de las tareas exceden nuestra habilidad para llevarla a cabo (como cuando no hemos preparado una presentación), experimentamos ansiedad. Así pues, cuando la exigencia de una tarea es similar a nuestra habilidad para realizarla (como tocar un instrumento, leer un libro, esquiar por una pendiente recientemente nevada), tenemos muchas más posibilidades de estar totalmente enfocados en lo que estamos haciendo.

Si no te resulta sencillo enfocarte en tu trabajo, pregúntate si las tareas que llevas a cabo son lo suficientemente complejas o exigentes. Si te aburres habitualmente, analiza si tu trabajo saca partido de tus habilidades únicas. Si tu mente se mantiene dispersa, incluso después de haber aplicado las ideas de los capítulos anteriores, es una señal inequívoca de que tu trabajo no es suficientemente complejo y no consume suficiente espacio de atención.* Por el contrario, si experimentas ansiedad en el trabajo incluso *después* de eliminar las distracciones y trabajar con más intención, pregúntate si tus habilidades encajan con la exigencia de las tareas que tienes entre manos.

A parte de considerar las tareas por separado, también es útil valorar el nivel de exigencia que presenta tu carga de trabajo *en*

---

* Cuanto más amplio sea tu espacio de atención, más dispersa estará tu mente cuando te dediques a algo simple. Esto es una prueba más de que a los miembros más inteligentes de tu equipo debes asignarles el trabajo más exigente.

general. Las tácticas de este libro te permitirán rendir más en un tiempo menor, pero puede ocurrir que entonces descubras que no tengas suficiente carga de trabajo significativo para llenar ese tiempo extra que recuperes. Es posible que esta paradoja se manifieste de diferentes maneras.

La ley de Parkinson, un concepto recurrente en los círculos de personas interesadas en la productividad, sugiere que nuestro trabajo tiende a expandirse hasta ocupar el tiempo disponible para completarlo. Es decir, si tienes más tiempo para realizar una tarea, es probable que esa tarea te ocupe más tiempo del necesario. Sin embargo, al desactivar las distracciones y trabajar más enfocado, es posible que te encuentres con lo mismo que me encontré yo: tu trabajo significativo ya no se expande hasta ocupar todo el tiempo que tienes disponible, y te muestras capaz de completar un día entero de trabajo en mucho menos tiempo del que solías necesitar. Algunos de los ejecutivos a quienes he asesorado se dan cuenta de que, si se enfocan en sus metas más importantes, pueden alcanzar la productividad de un día entero en apenas unas horas.

Personalmente fui consciente de este fenómeno cuando terminé mi último libro. Después de entregar el manuscrito (ochenta mil palabras redactadas en un periodo de tiempo relativamente corto), seguí estando igual de ocupado que antes, aunque tenía sustancialmente menos trabajo. Mis proyectos pendientes se expandieron hasta ocupar todo el tiempo que tenía disponible. En lugar de planificar mi participación en conferencias unas pocas semanas antes de su realización, comencé a pensar en ellas, mucho antes de lo que era necesario. En lugar de dedicar mi tiempo al trabajo, me conectaba a mis cuentas de redes sociales con más frecuencia de lo que debería. Dejé de seguir mis propios consejos y no dejaba de revisar una y otra vez el correo electrónico en busca de mensajes nuevos. Habilité más notificaciones y alertas para tener más tareas que atender.

Y asistí a muchas reuniones sin ningún propósito u objetivo. Experimenté un espantoso sentimiento de culpa cada vez que no estaba ocupado, que desaparecía tan pronto me involucraba en más tareas sin sentido.

No podía imaginarme que ese sentimiento de culpa tenía dos orígenes distintos: trabajar sin un enfoque claro y sin ningún propósito, y emplear más tiempo del necesario para realizar mi trabajo cuando tenía más tiempo disponible. Me tomó varios meses detenerme y darme cuenta de que debía controlar las distracciones novedosas que saturaban mi tiempo disponible. Al hacerlo, me di cuenta de que en realidad en mi lista de tareas no estaba trabajando en nada realmente provechoso. Ante esta situación, decidí asumir tareas más significativas (escribir en mi página web, documentarme para este libro y aumenté mis sesiones de conferencias y asesoramiento). Como me considero una persona altamente productiva no fue sencillo admitir mi fracaso, pero pude aprender una lección importante: realizar tareas sin sentido en el trabajo o en casa no solo es improductivo, sino que también es señal de que no tienes ninguna tarea importante que atender. Esto también explica por qué las tareas sin sentido se dejan de lado cuando tienes una fecha límite: no hay tiempo disponible para permitir que se expandan y ocupen espacio en tu agenda.

Para determinar si realmente tienes suficiente trabajo, calcula cuánto tiempo inviertes haciendo tareas poco productivas destinadas a actividades sin sentido. Si descubres que tu carga de trabajo está repleta de tareas de poco valor, es posible que tengas espacio para asumir tareas significativas adicionales y así lograr una mayor implicación y productividad en tu jornada laboral.

En realidad, este consejo puede parecer contradictorio; la sola idea puede parecerte absurda si consideras que ya estás trabajando al máximo de tu capacidad. Pero vale la pena tenerlo en cuenta. Cuando nos dedicamos a un trabajo intelectual, a menudo procrastinamos y gastamos gran parte de nuestro tiempo y atención en el correo electrónico y en las redes sociales; tareas que nos hacen *sentir* productivos en nuestro trabajo, pero que en realidad nos llevan a lograr poco.

Una nota sobre las tareas rutinarias. Si bien el trabajo repetitivo es mucho menos productivo que las tareas complejas, también es cierto que es mucho más divertido[3]. Cuando estaba escribiendo el libro, visité el departamento de investigación de Microsoft, el que se encarga de organizar los estudios sobre cómo gestionamos nuestra atención. Cada vez que visitaba el departamento, su personal me confirmaba que éramos más felices haciendo tareas sencillas que no exigen demasiada atención. En realidad, tiene todo el sentido del mundo: las tareas productivas son muy importantes, pero también exigen mucho más esfuerzo, es decir, son más desagradables en ese aspecto. Pero el trabajo sencillo y sin sentido nos ofrece un *feedback* inmediato y la sensación de haber logrado algo. Por eso, si ciertas tareas rutinarias te proporcionan una satisfacción genuina, no dejes de hacerlas. A cambio, puedes eliminar otras rutinas para ganar más tiempo y atención para lo que de verdad importa.

AUMENTAR EL TAMAÑO DE TU ESPACIO DE ATENCIÓN

Muchas de las estrategias que hemos tratado en el libro implican gestionar correctamente tu espacio de atención. Pero además de gestionarlo correctamente, también, es posible que puedas incrementar su tamaño.

Para recapitular: el tamaño de tu espacio de atención está determinado por una medida que la psicología cognitiva llama «capacidad de memoria de trabajo»: es decir, cuántos fragmentos de información puedes retener en tu mente simultáneamente (generalmente alrededor de cuatro fragmentos de información). Cuanto mayor sea tu capacidad de memoria de trabajo, más información podrás retener al mismo tiempo y mayor será tu habilidad para procesar tareas complejas.

Aumentar el tamaño de tu espacio de atención te permite aumentar la complejidad de las tareas, pero también ofrece otros beneficios. Se ha demostrado que tener una gran memoria de trabajo favorece el enfoque y evita que tu mente se disperse mientras trabajas[4]. Asimismo, cuando tu mente se dispersa y vaga en busca de ideas, lo hace de forma más productiva. De hecho, cuanto mayor es el tamaño de tu espacio de atención, mejor planeas y organizas las actividades del futuro[5]. Es más, gozar de una gran memoria de trabajo significa que tienes espacio de atención extra para enfocarte en las tareas venideras sin dejar de lado tus objetivos principales. Por último, también te ayuda a enfocarte más rápidamente cuando pierdes el hilo de lo que estás haciendo. Un estudio lo expresó de manera excepcional al afirmar que una gran memoria de trabajo «permite aprovechar al máximo estos recursos infravalorados y regresar a tu objetivo principal más rápidamente[6]».*

Así pues, ¿*cómo* puedes incrementar el tamaño de tu espacio de atención?

Existen muchas aplicaciones o páginas web que ofrecen entrenar tu cerebro para que mejore su capacidad de memoria y atención. Pero la mayoría de los procedimientos son ambiguos y poco rigurosos —los estudios de laboratorio han demostrado que estos métodos no son efectivos—. Es verdad que, a corto

---

* Existe una fuerte relación entre la capacidad de memoria de trabajo y la inteligencia (una correlación del 85 por ciento[7]). La inteligencia es el mejor indicador del rendimiento laboral[8].

plazo, algunos de estos métodos pueden ser útiles para incrementar mínimamente tu memoria o tus habilidades en la resolución de problemas. Pero sus efectos acaban ahí. En realidad, cada semana debes dedicar tiempo a estos ejercicios para que sus efectos se mantengan vigentes. Tan pronto como dejas de realizarlos, pierdes todos sus beneficios. Un estudio analizó la eficacia de estas aplicaciones o programas en un muestreo de 11 430 participantes, y concluyó que no había ninguna evidencia de que los métodos de estas aplicaciones fuesen efectivos; ¡no lo eran ni en aquellas tareas para las cuales estaban específicamente diseñados![9]

Por otro lado, sí que existe un método científicamente probado que incrementa el tamaño de tu memoria de trabajo: la meditación.

En realidad, la meditación no goza de una buena reputación, y habitualmente la relacionamos con la imagen de un pobre monje encerrado en una cueva. En la práctica, la realidad es bastante más simple. La meditación, así como el hiperenfoque, implica volver continuamente tu atención a un solo objeto de atención tan pronto como te des cuenta de que tu mente se ha desviado de él. En el caso de la meditación generalmente se trata de tu propia respiración.

En la meditación centrada en la respiración (la más común y la que llevo practicando durante más de una década), descubres las características que tiene tu respiración: la profundidad de tus inspiraciones y expiraciones, su temperatura, dónde repercuten con más fuerza o cómo resultan sus transiciones. Dado que observar tu respiración no consume todo tu espacio de atención, tu mente se dispersa constantemente. Este es el punto clave: cada vez que rectificas la atención para que vuelva a centrarse en tu respiración, estás incrementado el funcionamiento ejecutivo, es decir, aumentas la capacidad de control de tu atención. En consecuencia, serás capaz de enfocarte durante más tiempo y podrás trabajar con un propósito firme y sin distracciones.

Los beneficios son los mismos que experimentas con el hiperenfoque. Al igual que la meditación, el hiperenfoque es una práctica que se nutre de sí misma: cuanto más la practicas, mejores resultados obtienes[14].

La meditación es una práctica muy simple: siéntate en algún lugar con los ojos cerrados y presta atención a tu respiración. Al principio, es natural tener la impresión de que no lo estás haciendo bien, pero no seas demasiado exigente. En realidad, los efectos de este ejercicio son verdaderamente profundos. En un estudio se descubrió que cuando los participantes practicaban la meditación, no solo evitaban que su mente se dispersara, sino que, además, eran capaces de enfocarse mucho mejor. A los participantes de este estudio se les inició en la meditación antes de realizar el GRE (un examen estándar para admisiones en EE. UU.). Cuando llegó el momento del examen, sus puntuaciones aumentaron una media del *16 %*[10]. Además, se ha comprobado que la meditación previene «el deterioro de la memoria de trabajo durante los periodos de estrés»[11]. Precisamente, una de las revistas médicas que acostumbra a tratar estos temas describe la meditación como «la técnica más reconocida para minimizar los efectos perturbadores de una mente dispersa[12]».

Uno de mis estudios favoritos en este ámbito se propuso calcular cuánto incrementaba la memoria de trabajo de los participantes cuando adquirían una práctica activa de la meditación. Los investigadores organizaron sesiones de meditación de cuarenta y cinco minutos dos veces a la semana, y aconsejaron a todos los asistentes que también practicaran en casa. Al cabo de unas semanas[13], se sorprendieron al comprobar los resultados de las pruebas: la memoria de trabajo de los participantes había aumentado *más de un 30 %*. Era un incremento sustancialmente mayor que en los otros grupos de estudio, en los cuales, por ejemplo, se había aplicado la práctica del yoga.

Empezar a meditar solo requiere de unos minutos libres al día. Empieza por determinar tu nivel de resistencia, al igual que haces antes de concentrarte intensamente en una tarea. Reconocer este sentimiento te ayudará a abordar la actividad de manera más consciente. A continuación, siéntate en una silla en una postura cómoda, pero erguida, para que los discos de tu espina dorsal se encuentren alienados. Observa las características de tu respiración y vuelve a enfocarte en ellas cada vez que tu mente divague. Personalmente, para empezar, recomiendo el uso de alguna aplicación (Headspace e Insight Timer son dos aplicaciones que funcionan perfectamente). Afronta las sesiones de meditación con curiosidad para descubrir dónde y cuándo se dispersa tu mente. Mi regla de meditación es simple: no importa cuánto tiempo dediques a la meditación, siempre y cuando lo hagas cada día. Algunos días solo me sobran uno o dos minutos, lo que es suficiente si me mantengo fiel a la rutina. Cuando empecé hace una década, solo realizaba sesiones de cinco minutos, y desde entonces he ido aumentando el tiempo lentamente hasta alcanzar los treinta minutos. No lo dejaría por nada del mundo.

Cuando practicas estar con tu respiración, practicas estar con tu vida. Pero la meditación no es la única herramienta que ofrece buenos resultados. Practicar el *mindfulness* es otra forma certificada de aumentar el tamaño de tu espacio de atención. Es parecido a la meditación, pero un poco menos intimidatorio.

El *mindfulness* consiste en tomar conciencia de lo que está ocupando tu mente y prestar atención a las circunstancias del momento presente, sin juzgar ni tratar de cambiar lo que está ocurriendo. Esto incluye tomar nota de cualquier elemento que percibas, sientas o pienses. El *mindfulness* difiere del hiperenfoque en un aspecto importante: en el caso del *mindfulness* se trata de centrarse en las circunstancias del presente, en lugar de sumergirse en ellas.

Por ejemplo, fíjate en esta afirmación que puede parecerte un poco extraña: nunca te has dado realmente una ducha. En realidad, cuando estás bajo la ducha y el agua se desliza por tu cuerpo, tu mente generalmente está en otro lugar: en la oficina, repasando las tareas pendientes, pensando en la lista de la compra o intentando resolver un problema del trabajo. Mientras una parte ínfima de tu mente se encarga de sacar adelante el hábito de ducharse, el grueso de tu mente no está presente con lo que estás experimentando. Una ducha consciente es aquella en la que centras la atención en las imágenes, los sonidos y las sensaciones del presente; lo que te permite entrenar tu cerebro para enfocarse mejor en lo que estás haciendo en cada preciso momento.

Empieza a practicar el *mindfulness* eligiendo una tarea diaria que no absorba toda tu atención (un café matutino, un paseo o una ducha) e intenta experimentar esa vivencia sin ninguna intromisión durante uno o dos minutos. Centra la atención en las circunstancias del momento (los olores, los sabores, los cambios de temperatura o las sensaciones que puedas percibir). Puedes programar un temporizador o no; solo experimenta las circunstancias del momento y observa lo que ves, oyes y sientes. Cuando tu mente se distraiga con tus pensamientos, tráela de vuelta. No seas duro contigo mismo cuando tu mente divague. Recuerda, tu cerebro fue diseñado para actuar de ese modo.

Aquí está la clave: cuanto más pequeño sea el objeto de tu atención, más divagará tu mente. Pero a medida que vayas enfocándote en él de manera más profunda, tu espacio de atención empezará a expandirse. A medida que consigas que tu mente regrese al objeto de atención con mayor rapidez, alcanzarás un mayor nivel de enfoque en el trabajo y en casa.

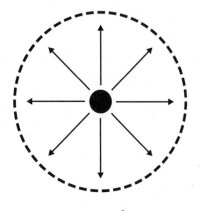

MEDITACIÓN

Las prácticas como la meditación y el *mindfulness* son efectivas porque ayudan a mantener una sola intención en tu cabeza durante un periodo de tiempo determinado. Cuando meditas, tu único propósito es concentrarte en la respiración hasta que suene el aviso del temporizador. Lo mismo ocurre cuando practicas el *mindfulness*: te concentras hasta que terminas el café, el paseo o la ducha; solo te enfocas en lo que estás haciendo en ese preciso instante. Cuando tienes una sola intención en mente, eres capaz de vivir y trabajar de manera más consciente durante el resto del día. Y como tanto la meditación como el *mindfulness* aumentan el tamaño de tu espacio de atención, ambas prácticas te ayudan a mantener tus intenciones.

Por si fuera poco, la meditación y el *mindfulness* también te ayudan a distanciarte de tus pensamientos. Observar lo que está ocupando tu espacio de atención lo hace todo infinitamente más fácil. Cuanto antes te percatas de lo que ha captado tu atención, más rápido podrás redirigirla hacia tu propósito. Con la práctica, incluso podrás detectar si tu mente se ha dirigido hacia otro lugar productivo, y en el caso de que así sea, podrás elegir permanecer en esa nueva cadena de pensamientos. Una mayor memoria de trabajo significa que tu mente es capaz de organizar planes y establecer intenciones para el futuro. Gracias a la práctica, con esta conciencia extra obtendrás el poder de percibir y rechazar los objetos de atención errantes en los límites de tu espacio de atención, como cuando buscas estimulación externa o estás a punto de caer en una distracción seductora.

Los estudios lo dejan bien claro: el *mindfulness* y la meditación mejoran prácticamente todos los aspectos de la gestión de tu atención.

De vez en cuando, me gusta visitar algún monasterio budista local para participar en una meditación pública. Consiste en una comida y una sesión de meditación de una hora de duración, seguida de una charla que imparte alguno de los monjes. En una de estas charlas, un monje compartió con nosotros cómo durante varias semanas de su práctica de meditación se enfocó únicamente en la sensación que su respiración generaba en la punta de su nariz, un objeto de atención increíblemente pequeño. Al día siguiente, traté de recrear el mismo ejercicio en una sesión de dos horas. El resultado fue espantoso: mi mente nunca se había mostrado tan dispersa. En realidad, me lo esperaba. Con un objeto de atención tan reducido, no resultó ser ninguna sorpresa.

Pero al día siguiente, sucedió algo extraordinario: logré enfocarme más profundamente que nunca. Escribí varios miles de palabras en apenas unas horas, empecé a organizar tres conferencias y aún tuve tiempo para revisar la bandeja de entrada de mi correo electrónico. Los efectos positivos permanecieron durante todo el día y apenas dieron muestras de retirada durante el resto de la semana. La calidad de la atención repercute tanto en la productividad, que solo con incrementarla un poco vemos una gran diferencia en nuestro rendimiento.

Afortunadamente, para gozar de los beneficios de la meditación o del *mindfulness* no es necesario que pierdas muchas horas concentrándote en la punta de tu nariz. Notarás la diferencia con unos pocos minutos cada día. Si tuvieras que extraer una sola lección de este capítulo, esta debería ser que la práctica regular de estos ejercicios (aunque las sesiones sean cortas) ayuda a mejorar la calidad de tu atención y a incrementar el tamaño de tu espacio de atención. Es cierto que la meditación y el *mindfulness* consumirán parte de tu tiempo, pero te permitirán trabajar con más claridad, profundidad e intención.

HIPERENFOCARTE EN CASA

Casi todas las ideas de este libro son útiles para aplicarlas tanto en el trabajo como en el hogar. En realidad, cuando puse en práctica estas ideas en mi vida personal, enseguida pude comprobar sus increíbles beneficios.

Es muy probable que tu último periodo de trabajo productivo fuera consecuencia de un estado de hiperenfoque. Del mismo modo, es posible que la última vez que te encontraste cómodo y dinámico en casa fuera gracias a un estado similar. Seguramente estabas enfocado en una sola cosa —conversando con tu pareja, ocupándote del jardín, jugando a cartas con algún familiar o leyendo un libro en el sillón—. La única cosa que estabas haciendo era la que llenaba por completo todo tu espacio de atención. Por eso, apenas eras consciente de todas las distracciones que te rodeaban (probablemente tu teléfono estaría en otra habitación o habrías tomado la determinación de no consultarlo durante el fin de semana). Tu familia estaría agradecida por ello. Te encontrabas más relajado y no buscabas de forma enfermiza estímulos a tu alrededor. Eras capaz de enfocarte con facilidad en cualquier cosa que llevaras a cabo.

El «hiperenfoque» es el mejor término que he encontrado para describir este estado en el que te encuentras totalmente enfocado en una labor u objeto de atención. A pesar de sus connotaciones

profundas e intensas, en la práctica el hiperenfoque en realidad es
bastante relajado, a no ser que tengas demasiado trabajo o que se
acerque la fecha de entrega de algún proyecto; en estos casos, no
tendrás la oportunidad de dilatar tu trabajo para que encaje con
el tiempo del que dispones. Cuando logras alcanzar este estado
de enfoque, nada de lo que te rodea es capaz de distraerte porque la tarea que llevas a cabo ocupa tu espacio de atención de
manera natural. Este es el mismo principio que se reproduce en
tu hogar. Si logras alcanzar este mismo estado en casa, conseguirás
sacar todo el provecho de tu tiempo en familia. Tus experiencias
serán mucho más vívidas y significativas, y por ello guardarás un
mejor recuerdo de todas ellas. Pasarás más tiempo en el momento
presente y terminarás las tareas más rápido y con menos esfuerzo.
En mi caso, me gusta lograr esto estableciendo tres intenciones
personales diarias además de mis tres objetivos laborales, incluso
si una de ellas es ver una serie en Netflix.

Uno de los aspectos que más mejora si aplicas el hiperenfoque
en el hogar es la comunicación con tu pareja o con tus familiares.
El secreto para mantener conversaciones profundas y significativas
es muy simple: centra toda tu atención en la persona que te está
hablando. Hay muchas formas de conseguirlo. Una de las más
efectivas es dejar que tu interlocutor termine las frases sin inte-
rrumpirle. Antes de pensar en lo que contestarás a continuación,
espera a que tu interlocutor ponga el punto final a su oración.
Estoy convencido de que la mayoría de la gente tiene un sexto
sentido que les permite darse cuenta de cuándo le están prestando
atención. En realidad, pasar tiempo de calidad con una persona
ofreciéndole una atención completa es uno de los mejores regalos
que puedes ofrecerle a alguien.

Por este motivo, el hiperenfoque me ha permitido profundizar
en mis relaciones personales, tanto en la conversación como en
otros aspectos. Estoy convencido de que el amor no es nada más

que compartir atención de calidad con otra persona. Como dijo David Augsburger, pastor bautista y escritor: «Para la gran mayoría, ser escuchado y ser amado es tan parecido que es imposible encontrar la diferencia[15]».

Cuando estamos hiperenfocados en una actividad casera (tocando un instrumento, paseando al perro o cocinando para la familia), desactivar las distracciones novedosas y sin sentido, y centrarnos completamente en lo que estamos haciendo significa que estamos distanciándonos voluntariamente de nuestras responsabilidades laborales. Esta práctica resulta más sencilla con el tiempo. He dedicado el último capítulo de este libro a tratar el tema de la recuperación de energía mediante el hiperenfoque. En realidad, es más sencillo de lo que parece. Podemos empezar por distanciarnos de nuestro trabajo para que nuestra mente se relaje, se disperse y se dedique a tareas menos exigentes. Pasar nuestro tiempo en casa de manera más intencionada también nos permite sentirnos revitalizados. Tanto en el trabajo como en casa, la calidad de tu atención determina la calidad de tu vida. En el trabajo, la atención que inviertes en cada uno de los proyectos repercute directamente en la productividad. Y en casa, la cantidad de atención que dedicas a tu familia o al hogar afecta significativamente la calidad de tu vida.

CUATRO CONSEJOS (MÁS) PARA LUCHAR CONTRA TU RESISTENCIA A HIPERENFOCARTE

Este capítulo propone una serie de tácticas que te ayudarán a adquirir el hábito del hiperenfoque: buscar más desafíos en el trabajo, asumir otros proyectos en casa, aumentar el tamaño de tu espacio de atención, enfocarte voluntariamente en todas las áreas de la vida y seleccionar los objetos de tu atención. Acabemos con un último e importante consejo que te ayudará a consolidar un ritual de enfoque definitivo: cómo vencer tu resistencia natural a hiperenfocarte.

En el caso de que hayas puesto en práctica el hiperenfoque, aunque solo fuera durante diez minutos, es posible que hayas experimentado lo mismo que me ocurrió la primera vez que lo hice: un claro rechazo a fijar la atención en una sola cosa, una resistencia activa al hiperenfoque. Es probable que esto se deba a una mezcla de inquietud, ansiedad y atracción hacia las novedades. Seguramente advertiste que tu atracción por estas distracciones era más intensa de lo habitual.

Esta resistencia que experimentamos ante las tareas complejas y productivas no se distribuye uniformemente a lo largo del tiempo de trabajo, sino que suele concentrarse al inicio de cualquier tarea compleja:

40 s

Por ejemplo, aunque nos pueda tomar semanas reunir la energía necesaria para limpiar el garaje o el armario del dormitorio, una vez empezamos, aunque solo sea durante un minuto, podríamos seguir durante varias horas. Lo mismo ocurre con el ejercicio físico: después de vencer nuestra resistencia inicial, podemos continuar con el resto de nuestro entrenamiento sin problemas. La puesta en marcha proporciona el impulso suficiente para llevar a cabo nuestras intenciones.

Esto es válido también para nuestras tareas más complejas, y es una de las muchas razones por las que acostumbramos a distraernos antes de que hayan trascurrido cuarenta segundos. La mayor resistencia siempre la experimentamos al principio, por eso buscamos alternativas más atractivas. Cuando empezamos una nueva tarea, es fundamental trabajar en ella durante al menos un minuto con un enfoque firme, decidido y sin distracciones. Aquí están mis cuatro estrategias favoritas para combatir esta resistencia inicial:

1. **Reduce el tiempo de hiperenfoque hasta que no experimentes ningún tipo de rechazo.** Reduce la cantidad de tiempo que tienes planeado estar enfocado en una tarea hasta que tu mente ya no experimente un rechazo hacia ella. Si es necesario, establece un parcial de cinco minutos para empezar.

2. **Observa cuando dices que «no tienes tiempo» para algo.** Siempre tienes tiempo para cualquier cosa, pero, en realidad, ocupas tu tiempo con demasiados asuntos. Cuando te encuentres en una situación donde repites la frase «no tengo tiempo», intenta remodelar tu itinerario. Por ejemplo, si «no tienes tiempo» para reunirte con un amigo, pregúntate si acaso no tienes tiempo para ver el partido de fútbol o conectarte a Facebook. Si el intercambio de tareas muestra que en realidad *sí* que dispones del tiempo necesario, lo más probable es que esta frase sea solo tu resistencia expresada en palabras.

3. **Practica el hiperenfoque diariamente.** Incorpora al menos una sesión de hiperenfoque cada día. A medida que te vayas acostumbrando a trabajar con menos distracciones, experimentarás menos resistencia y comprobarás lo productivo que te has vuelto.

4. **¡Recarga tu energía!** El hiperenfoque puede ser sorprendentemente energético: ahorras más energía regulando tu comportamiento cuando no tienes que resistirte a las distracciones en todo momento, y cuando te esfuerzas en enfocarte en lo que es importante. Dicho esto, mostrar resistencia a esta práctica también puede ser una señal de que estás bajo de energía.

EL PODER DEL HIPERENFOQUE

Cada consejo de este libro está diseñado para ayudarte a gestionar intencionadamente tu atención.

Recuperemos algunos de estos consejos:

- Comprender los cuatro tipos de tareas productivas o improductivas que existen nos permite distanciarnos de lo que estamos haciendo y descubrir qué tareas son realmente las más importantes y así dejar de trabajar en modo automático y sin pensar.
- Reconocer los límites de nuestra atención nos permite ser conscientes de cuántas cosas podemos enfocar en cada momento.
- Hiperenfocarnos en las tareas más complejas y productivas permite que nuestro cerebro alcance su estado más productivo y lograr una gran cantidad de trabajo en poco tiempo.
- Establecer unos propósitos firmes cada día nos ayuda a enfocarnos en las tareas más productivas.
- Crear un modo personalizado libre de distracciones y un modo de distracciones limitadas nos permite trabajar más enfocados y con más claridad, dirigiendo nuestro tiempo y atención lejos de las distracciones innecesarias.
- Simplificar nuestro entorno laboral y el de nuestro hogar nos permite pensar con más claridad y concentrarnos mejor en nuestras tareas y objetivos, eliminando las distracciones que nos rodean.
- Despejar la mente utilizando listas de tareas o de preocupaciones nos permite trabajar con claridad, y evita que los bucles mentales interrumpan nuestro enfoque a lo largo del día.

- Administrar correctamente nuestro espacio de atención (buscando tareas complejas y desafíos cuando sea necesario y expandiendo nuestro espacio de atención) nos ayuda a gestionar nuestra atención limitada.

Tal vez recuerdes que, al principio de este libro, hice algunas afirmaciones rotundas sobre lo transformador que podía ser gestionar tu atención intencionadamente. Si has seguido los consejos que han aparecido en el libro, seguramente te habrás dado cuenta de que tu trabajo y tu vida han cambiado positivamente.

Si has respetado los consejos de los primeros cinco capítulos, es muy probable que ahora seas más productivo, estés más comprometido con tu trabajo y puedas pensar o reflexionar de forma más clara y tranquila. Probablemente, también habrás incrementado tu memoria, y considerarás que tu vida y tu trabajo tienen un propósito o sentido definido. Es posible que las tres medidas de la calidad de atención también habrán mejorado: gastas más tiempo de forma intencionada, eres capaz de enfocarte en una sola cosa durante más tiempo y tu mente ya no se aleja tanto de sus intenciones.

En la actualidad, podemos encontrar un gran número de investigaciones sobre cuál es la mejor manera de enfocarnos. En mi caso, en estos primeros cinco capítulos he hecho todo lo posible para resumirlo de una manera práctica y estratégica. Espero que estés de acuerdo: la atención es el ingrediente más importante para vivir una buena vida productiva.

EL PODER DE LA DISPERSIÓN MENTAL

Por el momento, solo he hablado de los efectos negativos que produce una mente dispersa, porque cuando necesitamos enfocarnos, estos paseos mentales pueden socavar nuestra productividad.

Sin embargo, una mente dispersa —cuando dispersamos nuestra atención y enfoque— también puede ser un estado mental tremendamente poderoso. De hecho, es tan poderoso que no he dudado en dedicarle toda la segunda parte del libro. Por esta razón, esta segunda parte se llama *Scatterfocus* (desenfocar la atención) porque, en este estado, nuestra atención se desenfoca para no centrarse en nada en particular. Mientras que el hiperenfoque implica concentrar toda la atención en un objeto externo, el scatterfocus conlleva dirigirla hacia adentro, al interior de tu propia mente.

Del mismo modo que el hiperenfoque es el estado más *productivo* del cerebro, el scatterfocus es su estado más *creativo*. Desenfocar la atención puede perjudicar nuestra productividad cuando nuestra intención es enfocarnos en algún objeto o tarea. En cambio, cuando nuestro objetivo consiste en encontrar una solución creativa para un problema, nuestro futuro o una decisión difícil, es tan valioso como el hiperenfoque. Podemos aprovechar los notables beneficios de desenfocar la mente practicando la dispersión mental intencionada.

Aprender a usar cada uno de estos procesos de forma correcta te hará más productivo, creativo y feliz.

A continuación, sumerjámonos en este segundo estado mental. Enseguida te darás cuenta de que hiperenfocar y desenfocar la atención pueden funcionar de la mano de una manera sorprendente.

SEGUNDA PARTE

SCATTERFOCUS

EL MODO CREATIVO OCULTO EN TU CEREBRO

«No toda la gente errante anda perdida.»
J. R. R. Tolkien

SCATTERFOCUS

La segunda parte de este libro está dedicada a los poderosos efectos que tiene desenfocar la atención y centrarla en uno mismo.

En efecto, lo has leído bien. Después de animarte durante la primera parte del libro a rechazar o evitar este tipo de estado, ahora voy a revelarte las virtudes que posee. En realidad, una parte de su mala reputación está justificada: cuando el objetivo es enfocarse, dispersar la mente puede perjudicar la productividad. Pero, por otro lado, desenfocar la atención es una de las herramientas más poderosas para solucionar problemas, ser más creativos, barajar nuevas ideas o recargar la energía. Cuando se trata de estimular nuestra creatividad, este estado mental es insuperable.

Analiza las ideas más creativas que se te han ocurrido últimamente. Posiblemente, cuando se te ocurrieron no estabas enfocado en una sola cosa. De hecho, es más que probable que no estuvieras enfocado en nada en absoluto. Quizás, te encontrabas tomando una larga ducha, paseando durante el almuerzo, visitando un museo, leyendo un libro o relajado en la playa con una copa en la mano. Quizás estabas tomando tu café matutino. Pero, entonces, como por arte de magia, una idea brillante apareció de la nada. En ese instante, precisamente cuando estabas recuperando la energía, tu cerebro creyó que era el mejor momento para conectar una serie de puntos que revoloteaban sin sentido en tu cabeza (entiéndase *puntos* como las piezas de información que eres capaz de recordar).

Del mismo modo que el hiperenfoque es el estado mental más productivo, desenfocar la atención es el más creativo.

Desenfocar la atención es muy sencillo: déjala fluir. De la misma manera que cuando te enfocas intentas dirigir voluntariamente toda la atención hacia un punto predeterminado, para conseguir que tu mente se desenfoque solo debes preocuparte de no interferir en las desviaciones que toma. Desenfocas la atención cuando dejas libre tu espacio de atención mientras realizas alguna actividad, como cuando vas a correr, vas en bicicleta o realizas alguna actividad anodina que no consume tu espacio de atención.

Cuando hablamos de productividad y creatividad, desenfocar la atención te permite hacer tres cosas muy poderosas a la vez.

En primer lugar, como veremos en este capítulo, te permite organizar y planear tu futuro. Es imposible establecer objetivos futuros si estás inmerso en el presente. Si das un paso atrás y rediriges la atención hacia adentro, podrás actuar con el piloto automático y tendrás más espacio para considerar tu futuro. En realidad, el cerebro hace planes para el futuro de forma natural; solo debes proporcionarle el espacio suficiente para que pueda llevarlos a cabo.

En segundo lugar, este estado te permite recargar la energía. Estar enfocado durante todo el día consume gran parte de tu energía mental, incluso si gestionas tu espacio de atención de la forma que aconseja la primera parte del libro. Desenfocar la atención recarga tu energía para que puedas enfocarte durante más tiempo.

En tercer lugar, desenfocar la atención fomenta la creatividad. Este estado te permite conectar vejas ideas y crear otras nuevas; permite que los pensamientos floten y se relacionen por tu espacio de atención para encontrar la solución a tus problemas. Desenfocar tu atención y no centrarte en nada estimula los poderes de conexión de los puntos de tu cerebro. Cuanta más creatividad exija tu trabajo o proyecto, más necesario será entrar en este estado de forma deliberada[1].

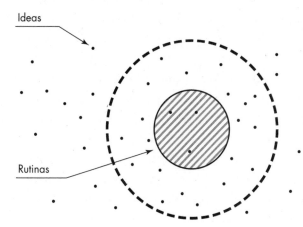

DESENFOCAR LA ATENCIÓN

¿POR QUÉ SOMOS RETICENTES A DESENFOCAR LA ATENCIÓN?

A pesar de que desenfocar la atención puede resultar beneficioso para nuestra creatividad, la mayoría de nosotros mostramos ciertas reservas a usarlo como herramienta. Si bien es muy sencillo entusiasmarse por incrementar nuestra productividad y nuestro grado de enfoque, desenfocar la atención no resulta tan emocionante, al menos en un primer momento. Cuando estamos rodeados de tantos objetos de atención —novedosos y estimulantes— la mayoría de nosotros no queremos quedarnos a solas con nuestros pensamientos.

En una encuesta reciente, el ochenta y tres por ciento de los estadounidenses manifestó que no había dedicado tiempo a «relajarse o pensar en sí mismo» durante las veinticuatro horas previas a la encuesta[2]. Por otro lado, otro estudio se propuso medir el nivel de resistencia de los participantes a los estados reflexivos y de introspección. En la primera etapa del estudio, los investigadores colocaron dos electrodos en los tobillos de los participantes y les aplicaron una descarga eléctrica. Luego, les preguntaron si estarían dispuestos a pagar para que no volvieran a aplicársela. Tres cuartas partes de los participantes afirmaron que estaban dispuestos a pagar si no se les aplicaba ninguna descarga más[3]. En la segunda etapa del estudio, los participantes fueron introducidos en una habitación cerrada durante quince minutos, en absoluta soledad con sus pensamientos. Los investigadores mantuvieron los electrodos conectados por si algún participante quería aplicarse alguna descarga, evitando así estar a solas con sus propios pensamientos. Este es el punto donde el estudio cobra relevancia. El *setenta y uno por ciento* de los participantes varones decidió aplicarse una descarga eléctrica cuando se quedaron a solas con sus pensamientos. Las mujeres lograron un resultado más esperanzador: solo el veintiséis por ciento optó por electrocutarse. (Saca tus propias conclusiones). Esta conducta se mantuvo independientemente de la edad, la educación, el nivel económico o el nivel de distracción de los participantes. Los resultados son especialmente deprimentes si se tiene en cuenta que los investigadores solo permitieron pasar a esta segunda ronda a los participantes que estuvieron de acuerdo en pagar para no volver a recibir ninguna descarga; cualquier persona que no le importara recibir la descarga fue rechazada.

Si acostumbras a leer libros como este, estarás familiarizado con el concepto de que nuestro cerebro está programado para la supervivencia y la reproducción, no para realizar trabajos intelectuales. Centramos nuestra atención en ciertos objetos de atención por defecto, y esta conducta es la que ha permitido que la especie humana sobreviva. Ya hemos tratado uno de los objetos de atención que más atrae a nuestro cerebro: la *novedad*. Esta es la razón por la cual nuestros teléfonos móviles u otros dispositivos nos parecen tan tentadores, a la par que otras tareas nos parecen aburridas y pesadas a pesar de su importancia, como redactar un informe.

También somos más propensos a concentrarnos en todo lo que es *placentero* o *amenazador*[4]. Aquí es donde entra en juego el instinto de supervivencia. Placeres como el sexo y comer en exceso nos han permitido reproducirnos y almacenar grasa para cuando la comida escasea. Centrándonos en las amenazas de nuestro alrededor, como aquella serpiente deslizándose cerca del fuego que encendieron nuestros primeros antepasados, nos ha permitido vivir un día más. Hemos diseñado el mundo que nos rodea para satisfacer nuestro deseo de objetos de atención novedosos, placenteros y amenazadores. Considera esto la próxima vez que enciendas el televisor, abras YouTube, leas las noticias en línea o entres en las redes sociales; todos ellos ofrecen una dosis constante para satisfacer esas tres «necesidades».

Hoy en día, el equilibrio se ha inclinado hacia estos tres objetos de atención. Estamos continuamente rodeados de nuevas distracciones, los placeres son abundantes y las amenazas legítimas son pocas y distantes entre sí. Las conexiones en nuestro cerebro, que en el pasado evolutivo nos llevó a almacenar azúcares y a tener relaciones sexuales como un mecanismo de supervivencia, ahora nos lleva a un exceso de comida rápida y de pornografía. El escaneo continuo en busca de amenazas es lo que nos impulsa a obsesionarnos con ese correo electrónico negativo, o preocuparnos en exceso por un comentario casual de nuestro jefe. Lo que una vez ayudó a nuestras posibilidades de supervivencia ahora sabotea nuestra productividad y creatividad. Esto hace que las tareas más urgentes nos parezcan mucho más importantes de lo que son en realidad.

También somos propensos a caer presa de cualquier cosa que nos resulte novedosa, placentera y amenazante cuando dejamos que nuestra mente divague y volvemos la atención hacia nuestro interior. Nuestros peores temores, preocupaciones y amenazas ya no se encuentran en el exterior, sino que residen en las profundidades de nuestra conciencia. Cuando nuestra mente divaga, acostumbra a caer en un patrón que no para de dar vueltas a las cosas estúpidas que hemos dicho, las discusiones que hemos ganado o perdido, o sobre el dinero y el trabajo. Pero también fantasea con pensamientos placenteros, como comidas memorables, vacaciones estupendas o nuestro ingenio ante una situación u otra. La próxima vez que medites (si has empezado a hacerlo), presta atención a cómo tu mente se siente atraída de manera natural por las amenazas, los placeres y las ideas novedosas que flotan en tu cabeza.

Pero por lo común, nuestra mente no acostumbra a fantasear con episodios negativos muy a menudo. En general, nuestra mente divaga negativamente cuando se refiere a actos ocurridos en el pasado, pero solo lo hacemos un *12 %* del tiempo[5]. El resto del tiempo lo dedicamos a pensar en el presente y el futuro[6], por eso, el scatterfocus es tan positivo para nuestra creatividad y productividad. A pesar de que nuestra historia evolutiva ha dirigido la atención del cerebro hacia lo novedoso y lo negativo, también lo ha programado para que sea profundamente creativo cuando es capaz de enfocar la atención en su interior. Estoy convencido de que esta habilidad es prácticamente un superpoder.

En comparación con otros mamíferos, nuestra habilidad para pensar en algo que no se encuentra delante de nosotros es relativamente única.* Nos permite organizar y planear el futuro, aprender del pasado y fantasear con cualquier concepto para engendrar ideas sorprendentes. Nos permite reflexionar para encontrar soluciones adecuadas a los problemas externos, tanto si se trata de un problema matemático como si se trata de pedir el desayuno en una cafetería. La principal virtud del scatterfocus es que nos nos brinda la capacidad de alejarnos de las distracciones y preocupaciones cotidianas para centrarnos en nuestra vida y trabajo de manera más consciente y con un propósito claro.

LOS LUGARES QUE FRECUENTA NUESTRA MENTE

Mientras escribía este libro, tuve la oportunidad de leer cientos de estudios relacionados con la gestión de la atención. De entre todo este material, el estudio que más me llamó la atención fue uno que se proponía descubrir dónde se desplazaba nuestra mente cuando estaba dispersa o fantaseaba. Lo dirigían dos investigadores de la Universidad de California en Santa Bárbara, Benjamin Baird y Jonathan Schooler, y otro de la Universidad de York, Jonathan Smallwood. El resultado fue absolutamente fascinante, y proporciona evidencias científicas para afirmar que desenfocar la atención ofrece muchos beneficios.

Por lo común, cuando desenfocas la atención tu mente se dirige a tres lugares distintos: el pasado, el presente y el futuro. Esta movili-

---

* Existen excepciones a esta regla: un estudio comprobó que la chara floridiana (*aphelocoma coerulescens*) acostumbra a almacenar comida para alimentarse en el futuro, en el caso de que anteriormente haya sufrido algún robo de alimentos[7]. Este hecho, según los autores del estudio, «desafía la hipótesis de que la habilidad para planear el futuro es únicamente humana». Además, otro estudio descubrió que el antílope y las salamandras son capaces de predecir las consecuencias de los eventos que ya han experimentado». Aun así, las habilidades de los animales para planear u organizar el futuro, en todo caso, parecen ser muy rudimentarias y limitadas[8].

dad temporal es lo que propicia que tu creatividad florezca, porque eres capaz de conectar lo que has aprendido, lo que estás haciendo y lo que pretendes alcanzar. Esta triple conexión te permite trabajar con un objetivo más claro, porque eres capaz de proyectar un futuro y pensar qué acciones pueden ayudarte a alcanzarlo.

Es curioso que, a pesar de que solo ocupemos un 12 % de nuestro tiempo pensando en el pasado, su recuerdo sea mucho más intenso y duradero que los periodos de tiempo que invertimos en el presente o el futuro. (Un dato curioso: un 38 % de nuestros pensamientos relacionados con el pasado recupera los eventos de las primeras horas del día, un 42 % proviene del día anterior, y el 20 % restante recupera las experiencias que ocurrieron en un pasado más distante). Nuestra mente no solo está programada para percibir las amenazas, sino que también lo está para recordarlas. Es por ello por lo que aprendemos de los errores. El precio que debemos pagar es que su recuerdo puede aparecer en cualquier momento. En cierta medida, estos pensamientos pasados manifiestan el verdadero poder de la mente: cuando fantaseamos, a menudo experimentamos nuestros pensamientos como si fueran reales. Los recuerdos desagradables brotan de la nada, se apoderan de nuestra atención y nos importunan por las estupideces que hemos dicho o hecho.*

Pero recuperar el pasado no es todo lo que puede hacer nuestra mente. En este estado, nuestra mente ocupa un 28 % del tiempo

---

* La estructura de nuestro cerebro (la red de conexiones que activamos cuando dejamos vagar nuestra mente) no solo es extraordinariamente poderosa porque pueda recrear vívidamente las experiencias de nuestro pasado. La actividad anómala de esta red (en particular, la incapacidad de detenerla) está asociada con la depresión, la ansiedad, el TDAH, el estrés postraumático, el autismo, la esquizofrenia, el mal de Alzheimer y la demencia[9]. En general, la actividad en esta región del cerebro es beneficiosa: un estudio descubrió que «cuando las personas con un coeficiente intelectual más elevado relajan su atención, la conectividad en sus cerebros, especialmente para las conexiones de largo alcance, es más fuerte que la medida en los cerebros con un cociente intelectual medio[10]».

divagando sobre elementos o situaciones presentes. A pesar de que no nos encontremos trabajando en nuestros proyectos, estos pueden seguir siendo productivos si aprovechamos este tipo de dispersiones. Pensar en abstracto sobre lo que tenemos frente a nosotros nos permite considerar enfoques alternativos para los problemas que enfrentamos, como por ejemplo encontrar la mejor forma de tratar una conversación incómoda con un compañero. Desenfocar la atención y divagar sobre el trabajo que estamos haciendo acostumbra a ser bastante productivo, ya que necesitamos reflexionar sobre nuestras tareas para trabajar de manera más deliberada. Neurológicamente hablando, es imposible estar enfocado en algo y reflexionar sobre ello al mismo tiempo[11]. Por esta razón es indispensable el scatterfocus. Si no somos capaces de sumergirnos en estos estados de abstracción, nunca pensaríamos en el futuro. Solo si has sido capaz de dar un paso atrás para reflexionar sobre un correo electrónico, la redacción de un documento o la planificación de un presupuesto se pueden encontrar estrategias alternativas para afrontar dicha tarea.

Por último, nuestra mente invierte el 48 % del tiempo en divagar sobre el futuro, más tiempo del que dedicamos al pasado y al presente combinados.* Por lo general, nuestro cerebro piensa en el futuro inmediato. Un 44 % de nuestros pensamientos sobre el futuro están relacionados con lo que sucederá ese mismo día. El tiempo que dedica nuestra mente al día siguiente es similar, un 40 %. La mayor parte de este tiempo se dedica a la planificación[12]. Gracias a ello, desenfocar la atención o abstraerse permite que actuemos de manera más inteligente e intencionada[13].

Cada instante de nuestra vida es como un libro de «elige tu propia aventura», en el que el relato va ofreciéndote diferentes opciones que te permiten definir el rumbo de tu camino. Desenfocar

---

* Te habrás dado cuenta de que estos porcentajes no suman la cifra del 100 %. Durante ese 16 % que falta, nuestra mente se encuentra en cualquier otro lugar, conectando ideas, aburrida o en blanco.

la atención nos permite anticipar mejor estos caminos: ¿Deberíamos hablar con esa persona tan atractiva que se encuentra sola en la mesa de al lado? ¿Deberíamos aceptar esa oferta de trabajo? ¿Cómo debemos pedir los huevos? Además, también nos permite sopesar mejor las consecuencias de tomar una decisión o un camino en particular. Al pensar en el futuro, desactivamos el modo del piloto automático y logramos crear un espacio para abstraernos y considerar cómo queremos actuar antes de que nuestros hábitos y rutinas tomen las decisiones por nosotros.

Los investigadores denominan la tendencia a fantasear con el futuro «sesgo prospectivo». Este fenómeno es el causante de que nos pasemos la mitad del tiempo de dispersión planeando el futuro.* Cuando estamos enfocados, apenas invertimos tiempo en planear

---

* Este sesgo prospectivo puede ser otra razón por la que prefiramos distraernos con Facebook en lugar de dejar divagar nuestra mente. Es lo que nos hace querer entender y predecir el futuro. Ver las actualizaciones de los estados de nuestros amigos nos ayuda a comprender mejor el futuro –los especialistas en la divagación de la mente señalan que esta es una de las razones por las que llenamos nuestro tiempo para ensoñaciones diurnas con distracciones estimulantes[14].

en el futuro, pero, en cambio, cuando nuestra mente es capaz de abstraerse, somos *catorce* veces más propensos a reflexionar sobre él. La mente errante o dispersa nos permite trabajar con más intención porque contrasta automáticamente el futuro que deseamos con las circunstancias presentes que debemos modificar para llegar a él[15]. Cuando estamos enfocados, solo invertimos un 4% del tiempo en considerar seriamente nuestros objetivos, mientras que cuando estamos en modo de abstracción, invertimos un 26%[16]. Por eso, cuanto más tiempo tengamos para relajar la mente entre horas, más provechoso será el trabajo que luego realicemos.

Aparte de ayudar a planificar el futuro, recargar la energía y conectar las ideas, las investigaciones indican que desenfocar la atención también ayuda a:

- Ser más consciente de lo que haces.
- Tener ideas más profundas.
- Recordar y procesar ideas o experiencias significativas de manera más efectiva.
- Reflexionar sobre el significado de tus experiencias.
- Mostrar más empatía.
- Ser más compasivo[17].

LOS TRES ESTILOS DE SCATTERFOCUS

En cierto sentido, escribir sobre cómo debemos desenfocar la atención no presenta ninguna dificultad. En realidad, se necesitan pocas instrucciones para que tu mente no centre la atención en nada en particular. Así como el hiperenfoque puede ser un proceso más complejo, ya pasamos el 47% por ciento de nuestro día en algo similar al modo scatterfocus sin ningún esfuerzo, cada vez que nuestra atención se desvía y nuestra mente divaga.

Nuestra mente divaga de dos formas distintas: de manera intencionada y no intencionada. Cuando divagas de forma no intencionada, no eres consciente de ello, es decir, entras en este estado sin darte cuenta. Esta es la línea que separa el divagar de la mente y el scatterfocus. ***El scatterfocus es siempre intencional.***

Puede resultar extraño que alguien quiera desenfocar la atención *intencionalmente*. Pero en la práctica, existen otros estados mentales en los que tienes incluso menos control sobre tu atención, incluido el hiperenfoque.

Dos de los mejores investigadores en el campo del pensamiento errante son Jonathan Smallwood y Jonathan Schooler. Ambos están de acuerdo con este punto. Cuando me entrevisté con ellos, Smallwood me ofreció un ejemplo: «Imagínate que te dispones a ver *Pulp Fiction*. Quentin Tarantino ha ideado la película para restringir tus pensamientos. No necesitas hacer nada mientras la ves. Por esta razón, la experiencia es tan relajante. Él controla absolutamente tu línea de pensamiento».

Los estudios sugieren que somos conscientes de hacia dónde divaga nuestra mente tan solo la mitad de las veces que lo hace. Ni si quiera trabajando somos tan conscientes de lo que estamos haciendo. Pero Schooler va aún más lejos que Smallwood. Schooler argumenta que uno de los conceptos erróneos más comunes consiste en creer que «todo el pensamiento errante se produce sin conciencia, sin intención».

La intención es lo que determina que el scatterfocus sea tan poderoso. Desenfocar la mente de forma intencional siempre implica un esfuerzo consciente para poder observar los caminos por los que esta deambula.

Es útil distinguir entre algunos estilos diferentes de scatterfocus:

1. **Modo captura:** Dejas que tu mente vague libremente y capturas cualquier cosa que aparezca.
2. **Modo de resolución de problemas:** Mantienes en mente un problema y, de manera flexible, dejas que tus pensamientos giren en torno a él.

3. **Modo habitual:** Participas en una tarea sencilla y capturas las ideas valiosas o planes que se te ocurren mientras la realizas. Los estudios afirman que este modo es el más poderoso.

De los tres modos, el modo captura es el mejor para identificar lo que pasa por tu cabeza; el de resolución de problemas es el mejor para reflexionar sobre un problema o una idea específica; y el habitual es el mejor para recargar energía y conectar el mayor número de ideas.

Modo de captura

Como tratamos en el capítulo 5, despejar tu mente de los bucles abiertos es una táctica tremendamente útil para incrementar la productividad. Cuantas menos tareas pendientes o preocupaciones tengas en la cabeza, más espacio tendrás para centrar la atención donde haga falta.

Durante años, cada semana he programado en mi agenda sesiones de quince minutos para dejar que mi mente se entretenga libremente. En estas sesiones es donde capturo cualquier material que sea valioso o provechoso. Esta práctica es tan simple como tomarse un café —con un bolígrafo y un cuaderno a lado— y esperar a que las ideas broten de la conciencia. Al finalizar las sesiones, el cuaderno está repleto de notas. Por ejemplo, las notas contienen los nombres de personas que debería entrevistar, eventos o sucesos que he estado esperando, nombres de personas con las que debería reconectar, soluciones para algunos problemas, tareas olvidadas, tareas domésticas, intenciones que debo establecer y otras muchas notas más. Por lo común, una vez repaso lo que he escrito, siento que he recuperado la energía porque con este pequeño ritual he dado un descanso a mi mente.

Como vimos en el capítulo 4, las tareas pendientes, los proyectos o las preocupaciones son una gran carga para tu mente, seguramente porque el cerebro las percibe como si fueran amenazas. Con el modo de captura, cualquier idea o proyecto no resuelto pasa directamente al primer plano de tu mente, listo para ser anotado y poderlo tratar más adelante. Nuestra mente, por lo común, tiende a embarrarse con estas ideas. Es por esto por lo que desenfocar la atención es tan valioso: los bucles repetitivos se vuelven mucho más accesibles.

Para ponerlo en práctica, puse mi ordenador en suspensión y programé un temporizador durante quince minutos para capturar todo lo que apareciera en la superficie de mi mente. En ese corto periodo de tiempo anoté lo siguiente:

- Trazar una línea temporal para saber cuándo terminaré de escribir este libro.
- Contactar con mi editor para añadir un nombre en la sección de agradecimientos de mi anterior libro.
- Acordarme de recoger los permisos para un campamento de verano en el que soy voluntario.
- Llevar estos permisos a Ottawa el fin de semana.
- Acabar el siguiente módulo del curso de codificación en el que estoy matriculado.
- Reservar hora para un masaje.
- Hacer una lista de las cosas importantes que necesito acabar hoy mismo: finalizar esta sección del libro y escribir una entrada en mi página web solicitando ideas para un experimento sobre el aburrimiento.

Aparte de atrapar estas tareas, mi mente también se desplazó por el tiempo; principalmente por el presente y el futuro, pero no olvidó visitar el pasado. Vale la pena señalar que, unos días más tarde, repetí este mismo ritual y logré rellenar un par de páginas más de mi cuaderno.

Probablemente, de los tres modos que mencioné, este es el menos agradecido, al menos, al principio. Mucha gente encuentra el proceso aburrido, pero es precisamente este aburrimiento el que te permite crear el espacio necesario para que tu mente se distraiga y deje espacio para que las ideas broten de tu espacio de atención. Si desactivas todas las distracciones externas, la atención se vuelve hacia uno mismo porque es mucho más interesante lo que ocurre dentro de ti que lo que sucede en el exterior.

Modo de resolución de problemas

El modo de resolución de problemas es útil cuando estás buscando la solución a algún problema específico.

Para entrar en este modo, aísla un problema en tu mente y deja que tus pensamientos revoloteen a su alrededor, lo rodeen y lo observen desde ángulos distintos. Cada vez que tu mente se aventure a pensar en algo diferente o se quede atascada en algún punto complejo, recondúcela suavemente para que vuelva a trabajar en el problema.

El modo de resolución de problemas te permite resolverlos de forma más creativa. Al aplicar un sistema de lógica no lineal, las soluciones que encuentres no serán las mismas que si usas un sistema de ideas lógico y tradicional. Una vez experimentes los beneficios del modo de resolución de problemas, te recomiendo que lo uses con moderación y que lo reserves para los problemas de mayor envergadura. Por ejemplo, este modo es útil para:

- Decidir tu futuro laboral (aceptar o no un nuevo empleo).
- Redactar un correo electrónico para el jefe de tu empresa.
- Reflexionar sobre una gran decisión.
- Ampliar tu negocio.
- Elegir qué tipo de casa deseas comprar.
- Seleccionar un grupo de trabajo para tu compañía.

En mi caso, utilicé constantemente el modo de resolución de problemas cuando preparaba la estructura de este libro; lo hacía mientras navegaba en canoa o caminaba por la ciudad con un pequeño cuaderno en el bolsillo. Una vez encontré la estructura adecuada para el libro, y antes de presentarlo a mi editor, tenía acumuladas más de 25 000 palabras de notas de investigación que no estaban organizadas en lo más mínimo. En mi cabeza las ideas estaban igual de confusas. Por eso, decidí poner a prueba mi tesis y desenfoqué la atención para generar el espacio adecuado para conectar las ideas que había anotado. Imprimí las notas de investigación —es útil revisar todos los problemas antes de entrar en el modo de resolución— y dejé que mis pensamientos se relacionaran con ellas durante largas caminatas por la naturaleza, mientras escuchaba música o cuando viajaba en avión. Lentamente, al cabo de unas semanas, logré organizar mis ideas para que tuvieran una forma parecida a un libro.

El modo de resolución de problemas crea el espacio necesario para que la mente pueda reflexionar durante grandes espacios de tiempo con total libertad. Úsalo sin reparos para resolver problemas que no tienen solución con una lógica lineal y tradicional. Normalmente, hago uso de este modo de desenfoque una media de 36 minutos al día. Pruébalo y comprueba sus beneficios.

Modo habitual

El modo habitual es el método más potente de los tres y es el que recomiendo practicar más a menudo. (Lo trato en último lugar para que no tengas la tentación de pasar por alto los dos anteriores, que también tienen su utilidad).

De la misma manera que ocurre con los otros dos, la práctica de este modo es muy sencilla: se trata de realizar alguna actividad que no reclame toda tu atención. En consecuencia, creas el espacio necesario para que tu mente pueda vagar libremente para conectar ideas.

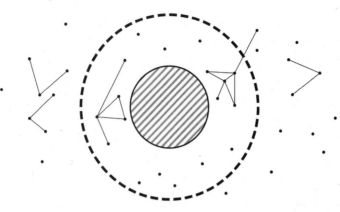

MODO HABITUAL

En principio, cuando estás ocupado en una tarea usual y agradable, **el modo habitual para desenfocar la atención es bastante entretenido**. A veces, fantasear con tus pensamientos o capturar tus ideas puede resultar un poco tedioso, pero si estás llevando a cabo alguna tarea habitual con la que disfrutas (como pasear, tomar un café, nadar o la carpintería), desenfocar la atención es una actividad totalmente placentera. Cuanto más confortable te encuentres mientras activas este modo, más beneficios obtendrás de tus divagaciones. Un estado de ánimo positivo *incrementa el tamaño de tu espacio de atención*, y en consecuencia piensas con más amplitud[18]. Tu espacio de atención es tan esencial para desenfocar la atención como para hiperenfocarte —es el bloc de notas que utiliza el cerebro para conectar las ideas—. Además, un estado de ánimo positivo también ayuda a que tu mente sea más productiva en tus divagaciones porque recurre en menor medida a los recuerdos negativos del pasado[19]. Cuando estás realizando algo agradable, es más frecuente pensar en el futuro porque tu sesgo prospectivo se vuelve más poderoso[20]. Además, si la tarea que estás haciendo requiere muy poco esfuerzo, puedes recuperar la energía al mismo tiempo que desenfocas tu atención.

Aparte de ser más entretenidas, se ha demostrado que **las tareas habituales también producen un mayor número de ideas creativas** si lo comparamos con tareas más complejas, exigentes o agotadoras[21]. Este hecho es especialmente visible cuando eres capaz de distanciarte de un problema, tanto si se trata de encontrar el final de un relato como si buscas la manera de redactar un informe. Cuando estás haciendo alguna tarea rutinaria, es mucho más sencillo estar atento a tus pensamientos porque tu espacio de atención está disponible para ello[22]. De nuevo, ser consciente de lo que piensas es la clave: una idea creativa no tiene ninguna utilidad si pasa inadvertida.

Las tareas habituales también ayudan a que tu mente no salga de este estado, es decir, ayudan a que tu cerebro *siga* divagando. Cuando dejas que tu mente se relaje y se disperse, lo más probable es que quieras continuar con esta práctica hasta que encuentres lo que estabas buscando. Una tarea habitual o rutinaria funciona como un *ancla* para que tu mente no desista hasta que hayas acabado la faena. Esto te permite seguir en este estado durante más tiempo.

Para activar el modo de desenfoque habitual, selecciona una actividad sencilla que te guste. Entonces, solo es cuestión de llevar a cabo esta tarea hasta que tu mente empiece a divagar. Cuanto más simple sea la tarea, más fácil será desconectar. Por ejemplo, un paseo por el parque será más productivo para encontrar y conectar buenas ideas que escuchar música o leer un libro. Mientras mantengas libre un espacio para tu atención, las buenas ideas brotarán a la superficie de tu mente.

Si notas que tu mente se ha desplazado al pasado o hacia otro lugar improductivo, no te preocupes. Este es el punto donde se diferencian el modo de resolución de problemas con el habitual: en uno se dirigen los pensamientos hacia el problema que nos preocupa, y en el otro se deja deambular a la mente con total libertad.

También puedes poner en práctica el modo habitual con las actividades rutinarias que forman parte de tu día a día. Siempre puedes encontrar un aspecto placentero en las tareas sencillas como tomar un café, pasear hasta la oficina o hacer la colada. Pero los instantes más productivos para desenfocar la atención son las horas muertas entre tareas. Los dispositivos electrónicos y las distracciones no solo perjudican tu enfoque, sino que, además, se enquistan en los intersticios de nuestro horario, y sustraen el tiempo y la atención necesarios para organizar el futuro y buscar soluciones a nuestros problemas.

Una de las razones por la cual siempre nos sentimos agotados es porque nunca permitimos que nuestra atención se tome un descanso. Si no estás convencido, prueba esto hoy mismo: no lleves contigo el teléfono móvil la próxima vez que vayas a comer o a tomar un café. Deja que tu mente se desenfoque sin la distracción de un teléfono móvil. Los efectos de esta simple decisión son llamativos. Si no echas un vistazo a tu teléfono cada vez que tu pareja se levanta de la mesa para ir al baño, cualquier comida será más significativa y memorable. Al dejar descansar tu atención, tendrás el espacio suficiente para reflexionar sobre la conversación y lo que la otra persona significa para ti.

Bajo el riesgo de parecer muy repetitivo, **la clave para desenfocar la atención de forma habitual consiste en comprobar frecuentemente qué pensamientos e ideas se encuentran en tu espacio de atención.** Esto es especialmente importante con este modo de desenfoque porque muchos elementos compiten por tu atención al mismo tiempo. Ten en cuenta este consejo cuando la tarea que elijas facilite la dispersión de tu mente. En ocasiones, uso este modo de dispersión jugando a un simple y repetitivo videojuego en mi iPad. El juego libera mi mente para que divague y piense de forma positiva, en consecuencia, durante el juego se me ocurre un número notable de ideas. (¿Quién dijo que los videojuegos son una pérdida de tiempo?) Como puedo jugar de forma automática, mantengo cierto espacio en mi mente para que esta pueda divagar; aun así, es absolutamente *imprescindible* que compruebe qué ocupa mi espacio de atención. Sin este registro regular, la experiencia acabaría siendo una pérdida de tiempo y atención.

Como siempre, asegúrate de tener un bloc de notas cerca cuando entres en el modo de desenfoque habitual. Lo necesitarás.

Si aún no has intentado ninguna de estas prácticas, no dudes en ponerlas a prueba. Este libro solo es útil si pones en práctica sus consejos. Reserva una hora en tu horario para practicar el modo captura o de resolución de problemas. O si lo prefieres, practica el modo habitual con una rutina que creas oportuna. Luego, toma nota de cualquier idea o concepto valioso que se te ocurra. Por lo común, tu mente tiende a desenfocarse y a divagar sin ninguna intención, de este modo, si no eres consciente de ello, lo más probable es que la mayor parte de ese tiempo sea improductivo. No lo dejes para mañana. Aunque solo sea durante unos minutos, reserva tiempo hoy mismo para probar alguno de estos tres métodos de desenfoque. Así opina Jonathan Schooler. Como él me dijo: «Ojalá todo el mundo supiera cómo experimentar con sus ideas. Cada cual tiene una relación única con su mente, y desenfocar la atención puede generar respuestas distintas en cada uno. Para aprovechar todo el potencial de nuestra mente, necesitamos descubrir cómo pueden ayudarnos estas prácticas en nuestra propia vida. En realidad, lo más hermoso de esta experiencia es que te proporciona el tiempo y la posibilidad de preguntarte quién eres realmente».

CÓMO PUEDE SER ÚTIL EL HIPERENFOQUE PARA DESENFOCAR LA ATENCIÓN

Existen distintas técnicas para desenfocar la atención de forma productiva. Por suerte, las aprendiste todas en la primera parte del libro.

En realidad, el hiperenfoque y el scatterfocus no podrían tener menos características en común. El primero se basa en enfocarse en una única cosa, y el segundo, en no enfocarse en nada en particular. Cuando te hiperenfocas diriges toda la atención hacia un objeto de atención del exterior. En cambio, cuando la desenfocas, la diriges hacia tu interior. Neurológicamente hablando, tampoco comparten ninguna similitud: cuando la red cerebral que sostiene el hiperenfoque se activa, la red que facilita la dispersión se desploma, y viceversa.* Dicho esto, los dos métodos se retroalimentan el uno al otro, en especial cuando los activas voluntariamente. Por ello, es crucial que practiques ambos de forma intencionada.

La práctica del hiperenfoque aporta un gran número de beneficios: incrementa tu espacio de atención, aumenta tu memoria y te permite ser más consciente de los pensamientos que revolotean por tu cabeza. Curiosamente, estos tres elementos son beneficiosos para desenfocar la atención.

El tamaño de tu espacio de atención es uno de los factores más determinantes para sacar provecho de tus episodios de scatterfocus. Cuanto más grande sea su tamaño, más facilidades tendrás para ser consciente de lo que pasa por tu cabeza. El espacio de atención es crucial para ambos modos: para uno, sirve de

---

* En el caso de que estés interesado en el tema, la red de tareas positivas (TPN) se activa con el hiperenfoque (*hyperfocus*), y la red neuronal por defecto (DMN) lo hace con la dispersión de la mente (*scatterfocus*). Tu red de tareas positivas se activa cuando prestas atención a elementos externos, mientras que tu red neuronal por defecto lo hace cuando fijas la atención en tu interior.

plataforma donde almacenar toda la información de trabajo, y para el otro, de soporte en el cual construir nuevas ideas y organizar adecuadamente el futuro[23].

La gestión intencionada de tu atención también incrementa tu capacidad de memoria. Este es otro de los beneficios que puedes alcanzar si practicas diariamente el hiperenfoque: si eres capaz de reunir y memorizar grandes cantidades de información, serás capaz de crear mejores ideas y planear eventos futuros más acertados. Como ha revelado una reciente publicación de la revista *Nature*: «es útil pensar en el cerebro como un órgano fundamentalmente prospectivo que está diseñado para usar información del pasado y del presente para generar predicciones sobre el futuro. La memoria puede entenderse como una herramienta que el cerebro prospectivo utiliza para generar simulaciones de posibles eventos futuros[24]».

Recordar el pasado nos ayuda a imaginar el futuro. Si no somos capaces de reunir información, será imposible conectar adecuadamente los trozos de información independientes para crear ideas o planear el futuro. El último capítulo del libro está dedicado a la importancia de las elecciones en el consumo de información: así como eres lo que comes, cuando se trata de la información que consumes, eres lo que eliges consumir. Si la información a la que prestas atención es valiosa, tus divagaciones serán mucho más productivas.

Como ya hemos visto, un tercer elemento esencial en el enfoque es la importancia de revisar constantemente lo que ocupa nuestro espacio de atención. Hacerlo no solo es beneficioso para enfocarnos, sino que también nos ayuda a desenfocar la atención.

Como sabrás, ser consciente de que nuestra mente está divagando puede tomarnos unos minutos, incluso en las sesiones de meditación. Un estudio dirigido por Jonathan Schooler descubrió que advertimos que nuestra mente está divagando una media de 5.4 veces cada hora[25]. Además, acuérdate de que nuestra mente está dispersa un 47 % de todo nuestro tiempo. Así pues, en conjunto, estos dos datos nos muestran la cantidad de tiempo que nuestra mente puede estar en este estado sin que nosotros tengamos noticia de ello. Existe una razón lógica para justificar que nos lleve un tiempo darnos cuenta de que nuestra mente está divagando. Como afirmaba un estudio, cuando una mente desenfoca la atención, «puede apropiarse de las mismas regiones del cerebro que son necesarias para reconocer el estado en el que se encuentra[26]». Por ello, es de vital importancia revisar regularmente lo que está ocupando nuestra atención.

Cuanto más revises lo que pasa por tu cabeza, más productivos serán tus episodios de scatterfocus. Mediante estas simples revisiones, podrás alejar tus pensamientos del pasado y reflexionar sobre las ideas del presente y del futuro. Así como incrementar el tamaño de tu espacio de atención es positivo para tu productividad, practicar este tipo de metaconciencia (ser consciente de lo que uno piensa) también ha demostrado ser significativamente más positivo y constructivo cuando desenfocas la atención.

REPLANTEARSE EL ABURRIMIENTO

Responde esta pregunta honestamente: ¿Cuándo fue la última vez que te aburriste?

En serio, piensa en ello. ¿Puedes recordarlo?

Es probable que la última vez que te aburriste de verdad fuera tiempo atrás. Quizá, antes de que los teléfonos móviles y el resto de dispositivos similares entraran en nuestra vida. En la historia de la humanidad, nunca se había repartido la atención en tantas tareas, eventos u objetos novedosos. Puede parecerte un dato positivo, pero, por desgracia, todos estos estímulos han erradicado el aburrimiento de nuestra vida.

Es posible que te preguntes: ¿No es positivo librarnos del aburrimiento? En absoluto. El aburrimiento es la sensación que experimentamos cuando hacemos una transición hacia un nivel más bajo de estimulación. A menudo aparece cuando nos vemos forzados a adaptarnos a un nivel de estímulos inferior, como cuando buscamos un plan para el domingo o cuando pasamos de escribir un correo electrónico importante a participar en una reunión anodina y sin sentido:

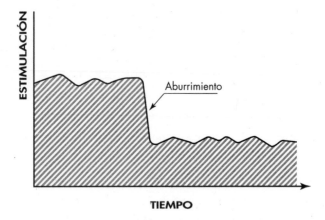

Por eso, no es de extrañar que el aburrimiento nunca aparezca cuando tenemos un dispositivo capaz de proporcionarnos distracción sin límites. En consecuencia, nunca nos vemos obligados a bajar nuestro nivel de estímulos. En realidad, al final siempre tenemos que arrancar forzosamente la atención de estos dispositivos para poder empezar cualquier tarea.

Soy un gran defensor de experimentar con mis propios consejos, porque muchos parecen razonables a primera vista, pero pueden no tener ningún beneficio cuando se llevan a la práctica. Por esta razón, recientemente tomé la decisión de descubrir de una vez por todas si el aburrimiento es un estado positivo para nuestra mente. ¿El aburrimiento puntual es productivo? ¿En qué se diferencia de desenfocar la atención? ¿Hacemos bien en combatirlo?

En un experimento que prolongué durante un mes, me propuse aburrirme voluntariamente durante una hora cada día. En estas horas de aburrimiento voluntario, apagaba todos los dispositivos y dedicaba todo el tiempo y la atención a tareas extremadamente aburridas que me habían sugerido mis lectores a través de mi página web:

1. Leer los términos y condiciones de iTunes.
2. Mirar al techo.
3. Ver C-SPAN 3.
4. Llamar a Air Canadá y mantenerme en línea mientras espero que me atienda el departamento de reclamación de equipaje.
5. Ver C-SPAN 2.
6. Observar como nada Edward, mi tortuga, en su pecera.
7. Mirar fijamente las aspas de un ventilador que gira lentamente.
8. Pintar un cuadro diminuto con un solo color.
9. Ver cómo se seca la pintura.
10. Mirar por la ventana de mi oficina.
11. Retirar y contar las semillas de una fresa con un par de pinzas
12. Ver crecer la hierba.
13. Mirar por la ventana de un tren.
14. Seguir un torneo de ajedrez en línea.
15. Observar una nube en el cielo.
16. Aguardar en una sala de espera de hospital.
17. Mirar un grifo que gotea.

18. Planchar toda mi ropa.
19. Contar los ceros en los primeros 10 000 dígitos de Pi.
20. Observar cómo lee mi novia.
21. Marcar puntos en una hoja de papel.
22. Comer solo en un restaurante, sin un libro o un teléfono.
23. Leer los artículos de Wikipedia relacionados con las cucharas.
24. Observar el tictac de un reloj.
25. Fijarme en el proceso de transferencia de los archivos de mi ordenador a un disco duro externo, y viceversa.
26. Pelar exactamente cinco patatas.
27. Ver cómo hierve el agua en una olla.
28. Asistir a una misa en latín.
29. Ver C-SPAN.
30. Mover pequeñas rocas de un lugar a otro.

De vez en cuando, mientras realizaba alguna de estas actividades, apuntaba en un papel lo que pasaba por mi cabeza: si mis pensamientos eran positivos, negativos o neutros; si mi mente prestaba atención a algo o simplemente divagaba; cómo me sentía; qué naturaleza tenían los pensamientos; o cuánto tiempo había transcurrido desde mi última anotación.

Algunos de los hallazgos del experimento fueron sorprendentes. Tan pronto como mi entorno se volvía menos interesante, centré la atención en mi interior, donde los pensamientos eran mucho más estimulantes. En este aspecto, aburrirse podría ser parecido a desenfocar la atención. Me di cuenta de que mi mente también hacía planes para el futuro, procesaba ideas y se desplazaba por el pasado, el presente y el futuro. Pero había una diferencia. El aburrimiento no me permitía disfrutar del proceso ni estimulaba que siguiera adelante.

El experimento también reveló algunos efectos secundarios inesperados. Uno especialmente incómodo fue que, cuando mi cerebro no recibía ningún estímulo, buscaba instintivamente distracciones para ocupar mi atención. Cuando retiraba las semillas de una fresa con unas pinzas o cuando observaba el tictac de un reloj, mi cerebro estaba desesperado por encontrar una distracción, fuera la que fuera, cualquier cosa que pudiera distraerme de los pensamientos en mi cabeza. Estoy convencido de que, si hubiera podido administrarme una descarga eléctrica como en el experimento anteriormente citado, lo habría hecho sin dudarlo. Nuestra mente está acostumbrada a una estimulación constante, por eso, tiene la costumbre de buscar estímulos como si fueran un elemento positivo para ella. Pero no lo son.

No es una coincidencia que muchas de las estrategias que ofrece este libro impliquen rebajar los niveles de estimulación de tu entorno —cuantos menos estímulos tengas a tu alrededor, más profundos serán tus pensamientos—. Cada vez que evitamos el aburrimiento en favor de la estimulación, no planificamos, no descubrimos ideas que nuestra mente ha incubado o no recargamos energía para trabajar más tarde con mayor energía y propósito.

Esto no significa que el aburrimiento sea una herramienta productiva. A diferencia del scatterfocus, el aburrimiento provoca incomodidad, ansiedad o desasosiego (sentimientos que sufrí durante el experimento). El aburrimiento no es algo que desee para nadie; pero las divagaciones o las ensoñaciones, sí. Afortunadamente, cuando nuestra mente está en modo scatterfocus es capaz de divagar por los mismos lugares que una mente aburrida, pero lo hace con un propósito y sin efectos secundarios adversos.

Hace unos años había una aplicación llamada «Desfragmentador de discos» que venía preinstalada en el sistema operativo de Windows —cuando todos los ordenadores tenían un disco duro giratorio—. Si tu ordenador funcionaba con lentitud, el programa reorganizaba los bloques no contiguos de un archivo para que estuvieran físicamente más cerca en el disco.

Esta reubicación de archivos permitía que el ordenador aumentara su velocidad porque el disco duro ya no necesitaba girar como si estuviera loco para encontrar los elementos dispersos de un determinado archivo.

No importaba lo experto que fueras, el uso de la aplicación siempre era extrañamente satisfactorio, e incluso visualmente agradable, ya que mostraba unos bloques esparcidos que se reorganizaban o se eliminaban durante su ejecución.

Nuestra mente trabaja de forma parecida. Desfragmentamos nuestros pensamientos cuando creamos espacios entre tareas. Esto nos permite pensar más claramente y nos proporciona un extra de atención para procesar las relaciones, experiencias, ideas o problemas que surgen por el camino. En esos momentos, el aburrimiento y el scatterfocus son dos estrategias provechosas para examinarse a uno mismo.

En realidad, estos pequeños intervalos de inactividad entre tareas son tan valiosos como las propias tareas. Ahora es el momento de recuperarlos.

RECUPERAR LA ATENCIÓN

«Descansar no es holgazanería, y tumbarse a veces en
la hierba bajo los árboles en un día de verano, escuchar
el murmullo del agua o ver las nubes flotar en el cielo
azul no es una pérdida de tiempo.»

John Lubbock, La dicha de la vida

¿CUÁNDO DEBERÍAS RECARGAR LA ENERGÍA?

Así como desenfocar la atención te permite restablecer tus intenciones y mejorar tu creatividad, también te ayuda a recuperar la energía.

Nuestros niveles de energía influyen en la capacidad de enfocar nuestra atención. Seguramente, recuerdas la última vez que sufriste los efectos de perder horas de sueño o saltarte los descansos en la oficina. Lo más probable es que las tres medidas de la calidad de tu atención disminuyeran: no podías enfocarte durante tanto tiempo, te distraías más a menudo con otras tareas y trabajabas con el piloto automático activado.

La lección de este capítulo es sencilla: cuanto más a menudo practiquemos el scatterfocus para recargar nuestra energía mental, antes recuperarás la energía que necesitas para afrontar las tareas más importantes. A medida que vamos perdiendo la energía, nuestra capacidad para enfocar la atención disminuye. Por eso, recargar la energía es crucial y vale la pena la inversión de tiempo.

Las investigaciones demuestran que el espacio de atención se expande y se contrae en relación con la energía mental disponible. Por ejemplo, dormir correctamente o tomar descansos durante la jornada laboral incrementa el espacio de atención más de un 58 %[1]. Sin duda, esto afecta la productividad: cuando el espacio de atención es prácticamente un 60 % más amplio, la productividad puede aumentar en una proporción similar, especialmente si estamos realizando una tarea exigente. Si respetamos todos los descansos y no perdemos horas de sueño, la productividad, sin duda, se incrementará.

Hiperenfocar la la atención puede resultar agotador; en realidad, consume una gran cantidad de energía porque requiere que regulemos constantemente nuestro comportamiento. Por eso, nuestra energía disminuye, y cada vez tenemos más problemas para enfocar la atención. En definitiva, nuestro espacio de atención se contrae y debemos recuperar la energía.

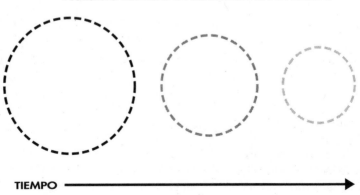

NUESTRO ESPACIO DE ATENCIÓN EN EL TIEMPO

TIEMPO

Estos son algunos de los muchos síntomas que indican que te estás quedando sin energía y que deberías desenfocar la atención voluntariamente para recargarla:

- Cambiar habitualmente de tarea y ser incapaz de mantener el enfoque en una sola cosa.
- Perder el control de tus intenciones y actuar de forma impulsiva.
- Ejecutar las tareas a un ritmo notablemente más lento (por ejemplo: leer el mismo correo electrónico varias veces para poder comprenderlo).
- Elegir tareas menos importantes y sin sentido, como revisar el correo electrónico o las redes sociales.
- Desenfocar la atención involuntariamente.

HACER DESCANSOS MÁS REPARADORES

Mucha gente malgasta una ingente cantidad de horas haciendo un trabajo que no les satisface. Realizar un trabajo que te gusta es mucho menos agotador que hacer un trabajo que no te importa —el cerebro se resiste a enfocar la atención en este último caso—. Cuanto más valor le des a tu trabajo, más incentivos le darás a tu atención para enfocarse en él. Además, las investigaciones corroboran que tu mente divaga menos cuando te dedicas a algo que te hace disfrutar de verdad[2].

Aparte de todos los beneficios que comporta desenfocar la atención, su práctica genera un espacio de tiempo en el que no debes preocuparte por regular tu comportamiento; por lo tanto, te proporciona un espacio en el cual puedes recuperar la energía. Aunque solo desenfoques la atención durante cinco o diez minutos, tu cerebro encuentra un espacio adecuado donde descansar y recuperar la energía mental.

Los estudios han demostrado que una pausa de trabajo revitalizadora debería tener tres características[3].

- Exigir poco esfuerzo.
- Ser voluntaria.
- Que no sea una tarea pesada (a menos que disfrutes haciéndolo).

En pocas palabras, tus descansos deberían ser placenteros y sin esfuerzos.

Los descansos de trabajo relajantes y entretenidos aportan los mismos beneficios que el modo habitual de desenfocar la atención: cuando disminuyes la carga de trabajo del espacio de atención, tu mente divaga por el futuro en busca de ideas y percepciones. Además, los descansos entretenidos también recargan la energía para poder reanudar el trabajo[4].

En general, los descansos nunca son tan revitalizadores como deberían ser. Tan pronto dejamos de trabajar, nos conectamos inmediatamente a las redes sociales o nos distraemos de cualquier manera, sin dejar espacio para la reflexión o para que nuestra mente descanse. En realidad, estos *descansos* son una tapadera para realizar otras actividades que no están relacionadas con nuestro trabajo, y como requieren que les prestemos atención, nunca tenemos la posibilidad de recuperar la energía. Por eso, cuando regresamos al trabajo, en vez de pensar con claridad e intención, tan solo somos capaces de funcionar con el piloto automático, revisando correos electrónicos o dedicando el tiempo a tareas innecesarias.

Existen miles de actividades entretenidas y relajantes que puedes realizar durante los descansos. Miles de actividades que te permitirán gozar de los innumerables beneficios que proporciona desenfocar la atención, sin reducir la capacidad de enfocar tu mente cuando vuelvas al trabajo.

Selecciona una actividad que te encanta. Algo que puedas hacer en el trabajo un par de veces al día. Comprométete a realizarla.

Puede ser tan simple como dar un paseo por los alrededores de la oficina, ir a un gimnasio cercano o pasar tiempo con los compañeros que te ayudan a relajarte. Estas actividades son una buena forma de darle un verdadero descanso a tu mente. Resiste la necesidad de distraerte durante este periodo de tiempo. En mi caso, dedico los descansos a pasear hasta la cafetería sin mi teléfono, ir al gimnasio o reunirme con algún compañero para escuchar algún *podcast*.

A continuación, te presento otras actividades útiles para mí o para la gente con la que he trabajado:

- Pasear por la naturaleza.*
- Correr al aire libre o ir al gimnasio (el de la empresa o cualquier otro).
- Meditar (especialmente si tu oficina dispone de una sala de relajación).
- Leer algo divertido que no esté relacionado con el trabajo.
- Escuchar música, un *podcast* o un audiolibro.
- Pasar tiempo con compañeros de trabajo o amigos.
- Invertir el tiempo en alguna afición creativa como la pintura, la carpintería o la fotografía.

Cuando eliges una actividad placentera para tus descansos, logras experimentar los mismos beneficios que aporta desenfocar la atención mientras descansas y recuperas la energía.

---

* Este libro sería interminable si tratara todos los temas que aparecen en él. Pero vale la pena destacar los paseos por la naturaleza para relajarte y recuperar la energía. Esta actividad es un 50 por ciento más efectiva que las tareas creativas de resolución de problemas. Además, reduce cerca de un 16% los niveles de hormonas del estrés en tu cuerpo, te relaja e incrementa tu estado de ánimo. Incluso, un estudio descubrió que «vivir en edificios con más vegetación estimulaba el corazón y la salud metabólica de la misma forma que ganar 20 000 dólares[5]». Evolucionamos para prosperar en la naturaleza, no en las junglas de asfalto.

DISTRIBUCIÓN DE LOS DESCANSOS

¿Cuándo debes tomar un descanso de tu trabajo?

Como no hay dos personas iguales, la frecuencia y la duración de los descansos dependerán de muchos factores. Así como debes investigar y probar cuáles son las mejores estrategias para crear tu modo libre de distracciones, también deberás experimentar y aprender cómo debes distribuir tus descansos para obtener el máximo de energía. Por ejemplo, si eres una persona introvertida, es posible que debas tomar más descansos si realizas un trabajo que exige mucha interacción social o relacionarte con grupos grandes[6]. Igualmente, si eres un introvertido que trabajas en una oficina en la que los empleados comparten un espacio de trabajo común, quizás necesites hacer pausas más frecuentes a lo largo del día[7].

También será necesario recargar la energía con frecuencia si no estás motivado con un proyecto en particular o con tu trabajo en general. Cuanto más tengas que regular tu comportamiento (controlar y resistir los impulsos y distracciones, u obligarte a trabajar), más a menudo deberás tomar un descanso. (Por esto las fechas de entrega son tan poderosas: te obligan a enfocarte sin remedio). En realidad, enfocarte en una tarea que te motiva no requiere de un gran esfuerzo, pero, si no soportas tu trabajo, ni todos los consejos del mundo podrán ayudarte a enfocarte en él.*

Si ocupas un cargo de dirección en tu trabajo, la mejor decisión que puedes tomar es contratar a personas que se preocupan por los valores de la empresa. A menudo, muchos directivos intentan construir un equipo que sea principalmente productivo. Contratan a personas altamente calificadas, pero que solo realizan su trabajo a cambio de un sueldo al final del mes.

---

* Una observación interesante: una persona, cuanto menos interesada está en el dinero, más dinero termina ganando. El dinero, la fama y el poder son objetivos extrínsecos: son externos y muchísimo menos estimulantes que los goles intrínsecos, como el desarrollo personal, la comunidad y la ayuda a los demás.

Los estudios que analizan el valor de los descansos destacan dos simples reglas:

1. Toma un descanso *al menos* cada noventa minutos.
2. Descansa una media de quince minutos por cada hora que trabajas.

Es posible que consideres que estas dos reglas otorgan demasiado tiempo de descanso en una jornada laboral de 8 horas. Pero, en realidad, son el equivalente de tomarse un descanso de una hora para comer, y otro de quince minutos por la mañana y por la tarde. En general, estas dos reglas son prácticas y pueden llevarse a cabo sin interrumpir o modificar tu plan de trabajo.

¿Por qué noventa minutos es el número clave? Porque nuestra energía mental tiende a oscilar en ondas de noventa minutos. Cuando dormimos, nos desplazamos por los periodos de sueño ligero, profundo y REM en ciclos de noventa minutos. Pero, cuando nos despertamos, nuestra energía sigue respetando esos mismos ciclos de reposo y cansancio (estamos reposados unos 90 minutos y luego nos sentimos cansados durante un periodo corto de tiempo, entre 20 y 30 minutos). Un pequeño descanso cada noventa minutos aprovecha esta misma oscilación natural entre el reposo y el cansancio. Por esto, es recomendable que tomes un descanso cuando empieces a notar que tu enfoque está decayendo o después de realizar un trabajo complejo, de este modo, arrastrarás menos residuos de atención que favorecen la dispersión de tu mente[8].

Si ubicas adecuadamente los descansos en tu horario laboral, serás capaz de usar estos periodos de reposo y máxima energía mental para aumentar tu productividad y recuperar la energía durante los periodos en los que disminuye. Las investigaciones han demostrado que los estados de cansancio son propicios para nuestra creatividad y para que afloren más ideas a la superficie, debido a que nuestro cerebro cuenta con menos inhibiciones. Por ello, este es el mejor momento para aplicar el scatterfocus. Empieza por prestar atención al ritmo de tus niveles de energía por la mañana, y toma la decisión de descansar cuando empieces a experimentar los ciclos de cansancio. Los niveles de energía se estabilizan por la tarde y es menos probable que disminuyan, pero vale la pena estar atento a cualquier variación.

Y, ¿por qué deberíamos tomar un descanso de 15 minutos por cada hora de trabajo? En realidad, no existen muchos estudios fidedignos sobre el tema, pero hubo una empresa que se propuso cuadrar los números. Para ello, usaron DeskTime, una aplicación que monitorizaba el tiempo de ejecución de los programas de ordenador para analizar la productividad de los trabajadores. Estos fueron los resultados: los trabajadores más productivos tomaban, de media, un descanso de diecisiete minutos después de trabajar cincuenta y dos minutos seguidos[9].

Vale la pena adaptar tus horarios de descanso a tus hábitos laborales. Si acostumbras a tomar un segundo café por la mañana, hazlo después de trabajar noventa minutos para que tu mente descanse merecidamente durante ese receso. En vez de comer con prisas delante de tu ordenador, tómate un descanso para comer *de verdad*; uno en el que puedas recuperar la energía para afrontar el trabajo de la tarde.

Deja tu teléfono en la oficina y desenfoca tu atención durante la hora de comer o mientras lees un buen libro. Seguramente, alguna idea buena aparecerá sin darte cuenta. Por la tarde, en los descansos toma un café descafeinado o aprovecha la sala de siestas, el espacio de meditación o el gimnasio de su empresa.

El mejor momento para tomar un descanso es antes de que lo necesites. Del mismo modo que ya estás deshidratado cuando te encuentras sediento, es probable que cuando empieces a notar que tu enfoque y productividad disminuyen, ya estés fatigado.

EL SUEÑO

Si tratamos el tema del reposo, sería imperdonable que no habláramos del sueño.

Personalmente, tengo una regla que creo que vale la pena tener en cuenta cuando se trata del sueño: **por cada hora de sueño perdida, se pierden dos horas de productividad al día siguiente.** No existe un estudio concreto que avale esta regla (como en el tema de los descansos, cada uno está programado de una forma distinta), pero es indiscutible que la cantidad de horas de sueño es un factor determinante para la productividad, especialmente en los trabajos intelectuales. No sacamos ningún provecho si comprometemos nuestro sueño para trabajar más horas.

Si experimentamos un déficit de horas de sueño, el tamaño de nuestro espacio de atención puede disminuir hasta un 60 % (las tareas complejas pueden requerir prácticamente el doble de esfuerzo[10]). Además, disminuye nuestra capacidad de reflexionar sobre lo que hacemos y lo que pasa por nuestro espacio de atención[11]. Trabajar con espacio de atención reducido no supone ningún problema para las tareas sin importancia, como rellenar una base de datos, pero nuestra productividad se ve socavada cuando queremos enfocarnos en alguna tarea compleja. En cualquier caso, es mucho más efectivo trabajar menos horas y aprovechar las horas de sueño que intentar completar todo el trabajo en un día estando cansado. Mucha gente afirma que funciona a la perfección con menos horas de sueño que los demás, pero seguramente su trabajo no es tan complejo o podría realizarlo mucho mejor si descansara las horas adecuadas. Y eso no es todo. Además, un déficit de sueño modifica la percepción de nuestra productividad: creemos que es mayor de lo que realmente es[12].

A pesar de que pasamos alrededor de un tercio de nuestra vida durmiendo en un estado semicomatoso, sabemos muy poco de lo que sucede durante el sueño. Esto se debe a varios motivos: la complejidad del cerebro, el coste de los equipos de escaneo cerebral y el ruido que estos emiten —suelen interrumpir las etapas posteriores y más ligeras del sueño[13]—. Sin embargo, los estudios que logran arrancar algún dato de lo que sucede en nuestro cerebro mientras dormimos son fascinantes, especialmente los que examinan las similitudes entre el sueño y desenfocar la atención.

Si observaras los resultados de un escáner cerebral de una persona que está durmiendo y otra que ha desenfocado la atención, enseguida te darías cuenta de un hecho sorprendente: los escáneres serían extrañamente similares. Dormir y desenfocar la atención activan las mismas regiones del cerebro, aunque estas son más activas durante el sueño. A escala neurológica, el sueño es un modo exagerado de scatterfocus[13].

Esto tiene sentido si analizamos los dos estados. Ambos sirven para recuperar la energía. Ambos se desplazan por los mismos lugares durante el proceso: remordimientos pasados, fantasías y ansiedades futuras, o relaciones actuales (aunque es cierto que los saltos son más drásticos mientras dormimos). En ambos, la mente tiene la oportunidad de «desfragmentar» los pensamientos para consolidar la información que ha aprendido y procesado. Además, en ambos casos el cerebro se comporta de forma aleatoria, con impulsos imprevisibles que pueden llevar a ideas innovadoras (así como a material desechable). No es de extrañar que muchas grandes ideas hayan sido concebidas en sueños, como por ejemplo la melodía de Paul McCartney de *Yesterday*, la tabla periódica de Dmitri Mendeléyev o el nuevo y mejorado *swing* de Jack Nicklaus.

Aparte de la pérdida de productividad, los costes de trabajar con déficit de sueño son numerosos. Las investigaciones demuestran que conciliar pocas horas de sueño también tiene estos efectos:

- Experimentas más presión en el trabajo.
- Reduces tu capacidad para enfocar la atención.
- Te conectas más a menudo a las redes sociales.
- Experimentas estados de ánimo más negativos.
- Buscas tareas menos exigentes (eliminando aquellas que ya no encajan en nuestro reducido espacio de atención).
- Dedicas más tiempo a Internet a lo largo del día[15].

Esto es particularmente cierto en el caso de las personas que oscilan entre los diecinueve y los veintinueve años, un grupo de edad demográfico que opta por acostarse más tarde que cualquier otra generación[16]. Dado que la mayoría de nosotros necesitamos alrededor de ocho horas de sueño diarias, acostarnos a medianoche no nos prepara exactamente para ser productivos al día siguiente, a menos que tengamos la posibilidad de levantarnos más tarde.

Una de las mejores formas para conseguir más horas de sueño e incrementar su calidad consiste en desarrollar un estricto ritual nocturno. Como los niveles de energía disminuyen al final del día, solemos actuar con el piloto automático activado. Establece una serie de rutinas que te permitan relajarte antes de ir a la cama. Considera incluir hábitos como leer, meditar, desconectar, beber un té de hierbas o, simplemente, sacar el televisor de tu dormitorio. Este último es un objeto infinitamente más estimulante que dormir. Irse a la cama a una hora decente es la mejor manera de obtener las horas de sueño necesarias. Mientras que la mayoría de nosotros tenemos la obligación de levantarnos a una hora determinada, nuestra rutina nocturna suele ser más flexible.

DESCANSAR NO ES PERDER EL TIEMPO

En ocasiones, es posible que creas que no parece correcto disfrutar de un descanso porque tienes mucho trabajo por hacer, pero muy poco margen de tiempo disponible —puedes incluso sentir remordimientos—. Por lo común, es la manifestación de tu falta de confianza: si pones en duda los beneficios que comporta tomar un descanso, es posible que empieces a pensar en el gran número de tareas que *deberías* estar haciendo. Tomar un descanso no produce ninguna sensación de productividad, así que es posible que *creas* que es una pérdida de tiempo.

Pero esta lógica no se sustenta por ningún lado. De hecho, tomar un descanso es una de las elecciones más productivas que puedes hacer. Como ya hemos visto, tu cerebro tiene una reserva de energía limitada. Una vez se agota, tu enfoque y tu productividad también desaparecen[17]. Los descansos no solo te permiten recuperar la energía, sino que, además, te previenen de llegar a un punto de agotamiento extremo.

Cada vez que descansamos, cambiamos nuestro tiempo por energía, tanto si se trata de un descanso como si se trata de dormir correctamente. Esta inversión de tiempo no cae en saco roto y, en realidad, deberías sentirte culpable por *no* tomar descansos.

A menudo, en este libro te he pedido que observes tu vida y tu trabajo para encontrar esos momentos en los que eres más creativo y eres capaz de enfocar la atención sin dificultades. Hay una razón para ello: puedes aprender muchas cosas con la introspección. Si quieres ser más productivo, más creativo o estar más comprometido con tu trabajo, aquí tienes mucha información útil a tu disposición. Todo lo que tienes que hacer es detectar los momentos en los que eres más productivo, creativo o feliz, y observar las condiciones que te llevan a estos estados.

Vale la pena realizar el mismo ejercicio en el caso de los descansos. Reflexiona sobre cuándo fue la última vez que llegaste al trabajo lleno de energía. ¿Fue cuando hacías ejercicio antes de ir a trabajar? ¿O cuando tomabas más descansos entre horas? ¿Eras realmente más productivo?

No hay duda de que si tomas más descansos, podrás trabajar mejor y lograr cumplir más objetivos. Irónicamente, cuanto más ocupado te encuentras, más necesidad tienes de ellos. En esos momentos, las posibilidades de verse abrumado por las circunstancias son mucho mayores. Por eso, la perspectiva que te ofrece desenfocar la atención o descansar es muy provechosa.

Este es uno de los capítulos más breves del libro, porque la idea principal es muy simple: el modo scatterfocus nos ayuda a recargar nuestra capacidad de hiperenfoque. Además, nos permite planear el futuro y ser más creativos.

CONECTAR PUNTOS

«No es que yo sea muy inteligente, sino que dedico más
tiempo a resolver los problemas.»
Albert Einstein

SER MÁS CREATIVO

Así como el modo scatterfocus te permite planificar el futuro y reponer tus suministros de energía mental, también te ayuda a ser más creativo. Existen dos métodos para lograrlo: conectando más puntos o recopilando puntos más valiosos.

El hiperenfoque consiste en centrarte en una sola cosa. Esto permite que tu cerebro sea productivo y codifique la información y las experiencias para que, más adelante, las recuerdes y puedas estar conectado con el mundo que te rodea. Desenfocar la atención es todo lo contrario: alejas el punto de vista y conectas las constelaciones de «puntos» que se encuentran en tu cabeza —un «punto» es cualquier pieza de información que retengas en tu mente—.

A nivel neurológico, nuestro cerebro es una constelación de redes repletas de puntos en las que añadimos constantemente nuevas experiencias. Almacenamos puntos cuando creamos recuerdos con nuestros seres queridos, estudiamos historia o leemos las biografías de las personas que la vivieron —lo que nos ayuda a entender las secuencias de ideas que crearon el mundo en el que vivimos—. Acumulamos puntos cada vez que erramos y cada vez que admitimos que estamos equivocados. Obtenemos puntos con cada conversación inspiradora que nos permite observar las constelaciones de puntos que contienen la mente de la gente inteligente y preparada, o de la gente que opina de forma distinta a la nuestra. Cada punto se integra en nuestra memoria para que podamos darle uso cuando sea necesario[1].

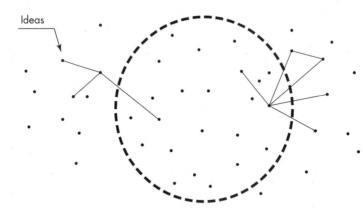

SCATTERFOCUS

La palabra que mejor describe el estado de tu cerebro cuando desenfocas la mente es «aleatorio». El scatterfocus estimula y amplía la red neuronal por defecto de nuestro cerebro.* Esta red

---

* Curiosamente, la red neuronal por defecto que usamos cuando desenfocamos la atención se descubrió por casualidad. En un primer momento, se ignoró su presencia. Luego, fue descartada como si se tratara de un error experimental —un simple ruido de fondo de los escáneres—. Finalmente, los científicos descubrieron que el error estaba en su punto de vista. Desde entonces, es uno de los campos más estudiados de la neurociencia[2].

está ampliamente distribuida por todo el cerebro, del mismo modo que la información que codificamos en la memoria. Una de las muchas razones por las que desenfocar la atención genera tantas ideas creativas es que, mientras nos encontramos en este estado, empezamos a conectar los puntos dispersos que hemos ido almacenando. A medida que proyectamos esta red en nuestra mente, buscando conexiones nuevas y conectando ideas, podemos descansar y planificar el futuro.

Mientras deambulamos por nuestros pensamientos, no siempre somos conscientes de las ideas que nuestro espacio de atención proyecta. Como ocurre en un iceberg, la parte más importante se encuentra bajo la superficie del agua, es decir, la mayor parte del proceso tiene lugar en las profundidades de nuestra conciencia. Dado que solo podemos centrarnos en una pequeña cantidad de información en un momento determinado, tan solo una pequeña cantidad de conexiones activas en nuestra mente puede irrumpir en nuestro espacio de atención. Sin embargo, estas conexiones aleatorias *llaman* nuestra atención cuando están suficientemente activadas. En este momento, es cuando nos damos cuenta de que deberíamos contratar a Cheryl en lugar de a Jim, visualizamos nuestras intenciones para más tarde o percibimos que hemos resuelto un problema.

DESENCADENANTES DE LA PERCEPCIÓN

Las tareas o los proyectos inacabados ocupan mucho más espacio en nuestra mente que aquellos que hemos finalizado; una vez los damos por terminados, podemos olvidarlos y enfocar nuestra mente en otra cosa. Estamos programados para recordar aquellas labores que dejamos a medias. En psicología, este fenómeno se llama el efecto Zeigarnik, en honor a la primera científica que lo estudió, Bluma Zeigarnik[3]. Cuando nos disponemos a enfocar

la atención, el efecto Zeigarnik puede entorpecer nuestro propósito, pero cuando se trata de desenfocarla se comporta de modo
opuesto. De hecho, es un aliado perfecto para comprender los
problemas que estamos incubando.

Lo más probable es que alguna vez hayas experimentado un
momento de inspiración. Seguramente te sorprendió mientras
estabas preparando el desayuno, recogiendo el correo o cami-
nando por una galería de arte. De repente, tu mente encontró la
solución a un problema que tenías medio olvidado. En apenas un
instante, las piezas que revoloteaban por tu cabeza se ordenaron
correctamente y encajaron a la perfección.

Probablemente, en ese momento ocurrieron dos cosas: en primer lugar, la idea que se te ocurrió era la solución a un problema
que te preocupaba y, en segundo lugar, es probable que tu mente
estuviera divagando mientras realizabas algo que no requería tu
atención.

Gracias al efecto Zeigarnik, almacenamos todos y cada uno
de los problemas que se alojan en nuestra mente. Cualquier problema abierto (un informe inacabado, una decisión por tomar o
un importante correo electrónico que debemos responder) es un
círculo vicioso que nuestra mente se empeña en cerrar desespe-
radamente. En consecuencia, conectamos cada nueva experiencia a estos problemas pendientes para encontrar alguna solución
novedosa[4]. Desenfocar la atención en modo habitual nos permite
llevar estas conexiones a nuestro espacio de atención.

Cuando desenfocamos la atención en modo habitual, los
desencadenantes de la percepción provienen de dos lugares distintos: de nuestra propia mente y del entorno exterior. Pongamos
un ejemplo.

Imaginemos que te invito a mi laboratorio secreto de productividad y experimentación. Cuando tomas asiento, programo
treinta minutos en un temporizador y te propongo resolver un

acertijo aparentemente sencillo: el número 5.429.867.310 es probablemente el número de diez dígitos más exclusivo del mundo. ¿Qué hace que sea tan especial? Supongamos que eres incapaz de resolverlo con el tiempo establecido —lo que no es extraño, porque es realmente complicado llegar a la respuesta correcta—. Sin duda, cuando abandonas mi laboratorio, tu mente se siente frustrada por la decepción de no conocer la respuesta: ¿Qué hay de especial en el número *5.429.867.310?*

Es posible que cuando salgas del laboratorio ya habrás codificado el problema en tu memoria, y empezarás a ver estos dígitos cada vez que cierres los ojos. (Evidentemente, cuanto mejor recuerdes un problema complejo, más posibilidades tendrás de encontrar una solución). Es obvio que este problema nunca te creará un gran tormento, pero para que este ejemplo tenga sentido, supongamos que sí.

Sigamos con el ejemplo: gracias al efecto Zeigarnik, tu mente conecta automáticamente todas tus nuevas experiencias a este problema, tanto si eres consciente como si no. Cuando vuelves al trabajo aún tienes el número circulando por tu cabeza. Te das cuenta de que, de vez en cuando, este número regresa a tu mente, a veces en contra de tu voluntad. De hecho, hay muchas posibilidades de que tu mente divague mucho más tiempo de lo habitual[5] (nuestra mente tiende a estar más dispersa cuando estamos en medio de la resolución de un problema) y cometas más errores de lo habitual.

Más tarde, al anochecer inviertes el tiempo en una actividad que te permite desenfocar la atención: ordenar los libros de tu biblioteca en orden alfabético. Cuando alcanzas el libro de Richard Koch, *The 80/20 Principle,* tu cerebro procesa dónde colocarlo:

Bien, no tengas en cuenta el artículo «The».

El primer signo es un 8, así que lo colocaré con los otros libros que empiezan con un dígito.

¡Anda! *En el experimento de Chris también había un 8.*

Y entonces, como por arte de magia, la solución aparece delante de ti. Te das cuenta de que todas las piezas que revoloteaban por tu cabeza empiezan a organizarse y encajan en una solución.

5,429,867,310.

Cinco, cuatro, dos, nueve…

A, B, Cinco, Cuatro, Dos, E, F, G, H, I, J, K, L, M, Nueve, Ocho…

¡El número del experimento contiene todos los dígitos y están ordenados por orden alfabético!

En lo relativo a los desencadenantes de la percepción o las ideas, quizás este ejemplo no es del todo exacto; por lo común, aparecen de forma más sutil para reestructurar los distintos puntos relacionados con el problema. Este ejemplo solo tiene el propósito de ilustrar un simple concepto: el modo scatterfocus conecta nuestra experiencia con los problemas con los que estamos lidiando.

En realidad, analizar los desencadenantes de la percepción constituyen un objeto de estudio complicado. Para hacerlo, necesitarías que la gente se atascara con un problema y que, luego, mantuviera el interés en resolverlo. Por suerte, no necesitas los resultados de este estudio o de ninguno parecido; probablemente dispones de toda la información que necesitas para recrear el proceso con tus experiencias vitales.

Aun así, no puedo dejar de enfatizar lo decisivos que son los desencadenantes de la percepción. Puedes estar observando cómo una paloma picotea una patata frita y llegar a la conclusión que, para bajar de peso, deberías deshacerte de todos los tentempiés de la cocina. Puedes encontrarte en medio de una ducha matutina y darte cuenta de que, para resolver una disputa en la oficina, debes actuar de otro modo. Quizás, en una librería, un libro de recetas te llame la atención y caigas en la cuenta de que deberías renovar la cubertería de tu hogar. Cuanto más rico sea tu entorno y tus experiencias, más ideas serás capaz de generar.

La historia está llena de momentos de inspiración. Muchos pensadores que no sabían cómo resolver un problema tuvieron un momento de revelación después de que una señal externa los ayudara. Arquímedes descubrió cómo calcular el volumen de un objeto irregular observando cómo se derramaba el agua de su bañera. Newton se inspiró en una manzana para desarrollar la teoría de la gravedad. O el ilustre físico y premio Nobel Richard Feynman que, mientras bebía 7UP en un bar de «topless», garabateaba ecuaciones en su servilleta cuando la inspiración lo visitaba[6].

CONECTAR MÁS PUNTOS

Simplemente entrar en el modo de scatterfocus habitual te permitirá experimentar los extraordinarios beneficios que hemos visto hasta ahora. Pero si quieres incrementar tus habilidades todavía más, aquí tienes seis formas para conseguirlo.

1. Desenfoca la atención en un ambiente estimulante

Ser consciente y controlar tu entorno es una de las mejores estrategias para desenfocar la atención. Aparte de crear un ambiente propicio para ello (usando las pautas de este libro), también puedes exponerte deliberadamente a ciertas pistas para estimular los pensamientos que vagan por la superficie de tu mente.

Sumergirte en entornos donde los desencadenantes de la percepción son abundantes es tremendamente útil. Un ambiente rico es aquel en el que estás en contacto permanente con nuevas personas, ideas o lugares de interés. Las actividades de descanso, como pasear hasta la librería u observar a la gente en una cafetería, son más valiosas que aquellas que no te aportan ningún estímulo nuevo. Opta por combinar las actividades: realiza algunas que dejen espacio a tu mente para deambular y conectar puntos, y realiza otras que expongan tu mente a ideas nuevas que puedas conectar más adelante.

> **También puedes usar pistas intencionadas para capturar ideas o pensamientos para todo aquello que debes hacer.** Pasea por tu casa con una libreta en la mano y apunta todas las tareas pendientes que te quedan por hacer. Esta lista representa tus señales externas. Si haces lo mismo en la oficina o mientras navegas por Internet, serás capaz de capturar la misma cantidad de información. Aunque en un principio puede parecer aparatoso, más adelante serás capaz de organizar y priorizar mejor todas las tareas que tienes en mente. Si quieres profundizar las relaciones con tus amigos, deslízate por la lista de contactos de tu teléfono y toma nota de los amigos con los que prácticamente no has mantenido contacto. Si quieres profundizar tus relaciones profesionales, revisa tu lista de contactos de LinkedIn. Exponerse intencionadamente a nuevas pistas puede ayudar en estos casos.

2. Anota los problemas que quieres resolver

Cuando examiné por primera vez las notas de la investigación para escribir el libro me encontré en un callejón sin salida; estaba bloqueado. ¿Cómo podía organizar todo ese material para que se pareciera a un libro? Mi primer borrador era una simple exposición de datos de aproximadamente 25 000 palabras. Imprimí el borrador y lo revisé detenidamente, anotando en los márgenes mis mayores preocupaciones: qué hacer para que el libro fuera práctico, qué estructura debía tener o cómo debía presentar la información para que fuera interesante.

Revisar regularmente el borrador y las anotaciones mantenía fresco el proyecto en mi cabeza. Además, cuando desenfocaba mi atención en modo habitual, me rodeaba de pistas potenciales que podían ayudarme a encontrar una solución (incluida una tarde en la que revisé los índices de contenido de un centenar de libros para ver cómo estaban estructurados). De este modo lograba desenfocar mi mente en ambientes más ricos. Finalmente encontré la solución a mis problemas.

Anotar detalladamente los problemas con los que te enfrentas en el trabajo o en casa ayuda a que tu mente siga trabajando en ellos en un segundo plano. Cuando anotas las tareas, los proyectos o las preocupaciones en una libreta, eres capaz de dejar de pensar en ellos y puedes enfocar la atención en otro trabajo. Esto también es útil para aquellos problemas que estás intentando resolver: plasmarlos en una hoja te ayuda a simplificarlos, procesarlos y recordarlos mejor.

Puedes usar la misma técnica para proyectos más largos o de mayor envergadura. Realizar un borrador para saber cómo escribirás tu tesis, cómo remodelarás la cocina o cómo renovarás tu equipo de trabajo te ayudará a procesar esas ideas en segundo plano mientras sigues recopilando y conectando nuevos puntos de información relacionados con el proyecto que tienes en mente.

Otro método para superar los escollos que encuentras en tu camino puede ser este: al final de cada jornada laboral, aparte de establecer las tres intenciones para el día siguiente, analiza y anota los principales problemas que retrasan tus proyectos. Notarás los efectos enseguida.

3. Dormir con un problema

Como he apuntado anteriormente, dormir es una forma exagerada de desenfocar la atención: cuando estás soñando, tu mente sigue conectando puntos.

Existen innumerables casos donde la inspiración ha irrumpido en la mitad de un sueño. Para aprovechar el poder del sueño, Thomas Edison se iba a la cama sujetando un puñado de canicas, y Salvador Dalí se adormecía con un juego de llaves en la mano. Durante las fases ligeras del sueño, los dos eran capaces de sostener ambos objetos en su mano, pero, cuando entraban en una fase más profunda, el impacto del objeto contra el suelo o contra una placa metálica los despertaba de inmediato. Esto les permitía capturar cualquier idea o pensamiento que estuviera en su mente en ese preciso momento[7]. Como dijo Edison: «Nuca te duermas sin el permiso de tu subconsciente».

Las conexiones profundas y espontáneas suelen aparecer durante la fase REM del sueño. Un estudio en el que los participantes estaban preocupados por algún problema reveló que, durante la fase REM, estos participantes «en sus escáneres mostraban una mayor integración de información no asociada», la cual más adelante les permitió encontrar una solución al problema que les ocupaba[8].

Además, el sueño también te ayuda a mejorar tu memoria: consolida los puntos que has acumulado durante el día y borra aquellos que son irrelevantes[9]. En realidad, a lo largo del día absorbes mucho «ruido de fondo». Pero el sueño te da la oportunidad de desechar aquellos puntos que no tienen ninguna relación potencial con los problemas que te preocupan.

Para aprovechar una buena noche de sueño y utilizar esta herramienta a tu favor, antes de irte a la cama, revisa todos los problemas que tienes abiertos, así como también toda la información que pueda serte útil para resolverlos. De este modo, mientras descansas, tu mente continuará trabajando en ellos.

4. Toma distancia

Si has puesto en práctica los consejos de la primera parte del libro —especialmente si has empezado a meditar—, es muy probable que tu espacio de atención haya aumentado. Cuando esto ocurre, es muy importante que desenfoques la atención de forma *intencionada*[10].

Las investigaciones sugieren que cuanto mayor sea tu espacio de atención, más capacidad tendrás para enfocarte. En consecuencia, cuando te encuentres atrapado con un problema, encontrarás muchas más dificultades para desenfocar tu mente y solucionar el problema. Pero es en estos momentos cuando desenfocar la mente es mucho más eficaz que hiperenfocarte; dispersar la atención es el método ideal para encontrar soluciones complejas no lineales. Por ello, es de vital importancia que desenfoques la atención de forma intencionada.

También vale la pena tomarse un tiempo para resolver los problemas que requieren soluciones creativas. Retrasar deliberadamente las decisiones creativas (siempre que las circunstancias lo permitan), te permite acumular más conexiones potenciales. Por ejemplo, si te demoras un tiempo en responder un correo electrónico importante, tendrás la oportunidad de articular mejor tu mensaje. Lo mismo ocurre cuando hay que tomar una decisión sobre una posible contratación, cuando hay que renovar el logotipo de la empresa o cuando quieres organizar un curso que tú impartes.

5. Dejar las tareas inacabadas de forma intencionada

Cuanto más bruscamente dejes de trabajar en una tarea creativa, más vueltas le darás cuando cambies a otra. Deja un poco de residuo en tu espacio de atención para que tu mente continúe procesando la tarea que te preocupa. Por ejemplo, interrumpe la redacción de un informe complejo a mitad de una oración[11].

Dejar tareas incompletas te ayudará a mantenerlas en la cabeza hasta que encuentres las suficientes pistas internas o externas para solucionarlas.

6. Consume puntos de información más valiosos

Somos lo que consumimos. Puedes sacar mucho más provecho de las técnicas de este libro si consumes intencionadamente la información que necesitas. El consumo de nuevos puntos de información supone una gran cantidad de información nueva que puedes utilizar para resolver problemas complejos.

El siguiente capítulo explora esta idea. Estos puntos tienen un efecto enorme en las tareas o problemas que enfocamos. Tienen el poder de invocar o inhibir nuestra creatividad y productividad, y son la lente a través de la cual vemos el mundo.

RECOPILAR PUNTOS

AGRUPAR PUNTOS

Las tareas pendientes no son el principal foco de atención de nuestra mente. En realidad, todos los puntos que recopilamos tienen la misma, o incluso más, importancia. El conocimiento que nos aportan es el que nos permite ser más creativos cuando desenfocamos la atención: si los puntos que hemos recopilado son valiosos, podremos realizar conexiones más efectivas.

En la práctica, los puntos que consumimos son tan relevantes porque nuestro enfoque depende completamente de ellos; es decir, parte de lo que hemos aprendido. Frente al mar, un biólogo podría reflexionar sobre todas las criaturas que se esconden bajo su superficie, un artista podría seleccionar los colores que usaría para pintarlo, un marinero podría percibir la dirección del viento y las olas, y un escritor podría elegir las palabras más adecuadas para describirlo.

Las personas se convierten en especialistas sobre un tema cuando recopilan y conectan suficientes puntos sobre este en forma de experiencias, conocimientos o prácticas ejemplares. Nuestros cerebros están programados para agrupar puntos relacionados. Por ejemplo, acuérdate de cuando aprendiste a escribir. Seguramente, el primer paso fue aprender las letras del abecedario.

Estos fueron los primeros puntos que recopilaste sobre el tema:

p, s, t, r...

Más adelante, tu cerebro empezó a conectar estos puntos entre ellos, agrupándolos en orden alfabético, diferenciando las vocales de las consonantes y aprendiendo a pronunciar las distintas sílabas:

pe, se, ta, ro...

A continuación, empezaste a agrupar estos puntos más complejos en palabras. Para procesar las nuevas ideas con más profundidad, seguramente los conectaste a las imágenes que creíste oportunas o a los objetos del mundo que te rodeaba:

perro, sentar, taza, rota...

Luego, empezaste a reunir las palabras y los conceptos en frases, oraciones y párrafos:

El perro se sentó encima de la taza rota y le dieron siete puntos de sutura.

Finalmente, al leer este libro, tu conocimiento de las palabras, oraciones y párrafos está tan arraigado en tu cerebro que el acto de leer no te supone ningún esfuerzo: sucede de forma automática.

La lectura es un ejemplo perfecto para mostrar el poder que tiene recopilar y conectar puntos. Cuando aprendes algo nuevo, transfieres los puntos del entorno exterior a tu memoria para poder conectarlos y usarlos más adelante. Desde el día en el que naciste hasta la actualidad, tu cerebro ha estado ocupado en este proceso.

A medida que vamos agrupando más y más puntos sobre un tema, alcanzamos cierto grado de especialidad, el cual nos ayuda a gestionar más eficazmente nuestro espacio de atención. Curiosamente, cuanto más conocimiento tenemos sobre un tema, menos esfuerzo requiere a nuestro espacio de atención. Acuérdate de que tu espacio de atención es capaz de sostener cuatro o más piezas de información al mismo tiempo. Cuantos más puntos agrupemos, más eficientemente podremos utilizar este espacio, ya que, si las piezas de información están enlazadas entre sí, podremos almacenarlas y procesarlas de forma más eficiente[1]. Leemos de forma más eficiente si procesamos palabras y oraciones en vez de letras aisladas. Un experto pianista puede procesar mejor los elementos de una partitura (la melodía, la armonía, el tempo, etc.) que un alumno que solo lleva practicando unas pocas semanas, lo que demuestra que puede usar de forma más eficaz su espacio de atención.

Lo mismo ocurre cuando recopilamos puntos de información relacionados con nuestro trabajo, y logramos establecer una serie de habilidades y conocimientos relevantes sobre el tema. Esto nos permite ser más eficaces cuando usamos nuestro espacio de atención, tanto si usamos todo el conocimiento acumulado para hiperenfocarnos en una tarea, como si intentamos conectar o relacionar ideas cuando desenfocamos la atención. Trabajamos con más pericia y creatividad porque hemos realizado el trabajo de agrupar la información en un primer momento.*

Trabajar con más información a nuestra disposición también nos ayuda a tomar decisiones más intuitivas, porque somos capaces de recuperar inconscientemente el conocimiento acumulado en nuestra memoria. Esta información nos ayuda a responder adecuadamente en cada situación, incluso cuando no somos

---

* Si alguna vez te has sentido como un fraude o un impostor en tu trabajo, no te preocupes, no eres el único. Pero la próxima vez que ocurra simplemente considera cuántos puntos de información has recopilado y conectado sobre un tema en concreto en relación con los demás empleados. Seguramente, eres capaz de percibir los matices y la complejidad del tema del mismo modo que la persona con la que te estés comparando.

conscientes de lo que estamos haciendo. Por ejemplo, durante una reunión, podemos tener la impresión de que un miembro de nuestro equipo está molesto porque hay algo que no comparte con nosotros. Lo sabemos porque ya hemos experimentado esta misma situación en el pasado, y sabemos reconocer los signos que indican que no está cómodo en la reunión. Así es como funciona la intuición: es el proceso de actuar en función de cierta información que recordamos, pero de la que no somos conscientes en ese momento[2].

Somos aquello a lo que prestamos atención, y prácticamente nada influye tanto en nuestra productividad y creatividad como la información que hemos consumido en el pasado. Acumular muchos puntos de información valiosos nos beneficia de innumerables maneras. Somos capaces de conectar nuestros proyectos con las lecciones que hemos aprendido. Si aumentamos el número de ideas o información provechosa, nuestras sesiones para desenfocar la atención serán cada vez más productivas; en especial, cuando logremos ser más receptivos a los desencadenantes de la percepción que nos proporcionan los nuevos puntos de información. Asimismo, cuando nos hiperenfoquemos, también seremos mucho más productivos porque usaremos de forma más eficiente nuestro espacio de atención, cometeremos menos errores, estaremos abiertos a nuevas estrategias, tomaremos mejores decisiones y enlazaremos nuestro trabajo con el conocimiento que hemos aprendido.*

---

* A través de esta óptica, la inteligencia y la creatividad son construcciones muy parecidas. Tanto la inteligencia como la creatividad implican conectar puntos, pero de diferentes maneras. La inteligencia conecta puntos para que entendamos un tema de una manera más intrincada, y la creatividad conecta puntos, pero de una forma nueva y novedosa. Visto de esta manera, la inteligencia y la creatividad no son algo con lo que nacemos; son algo que aprendemos a medida que recopilamos y conectamos suficientes puntos sobre un tema en concreto.

EL VALOR DE UN PUNTO

Así como nuestra capacidad para enfocarnos tiene sus límites, también los tiene nuestra capacidad para recopilar información. Mientras que nuestro cerebro es capaz de almacenar una cantidad de información ilimitada, nuestro espacio de atención presenta muchas más limitaciones. Almacenar información en nuestro cerebro es parecido a llenar una piscina olímpica con una manguera para regar el jardín. Si eres capaz de aguantar lo suficiente, podrás llenarla de forma gradual.

Por esto es esencial que consumamos puntos de información intencionadamente.

No existen dos piezas de información iguales. Leer un libro o tener una conversación interesante con alguien cultivado te permitirá recopilar puntos de información más valiosos que limitarte a ver la televisión o leer una revista de la prensa rosa. Esto no significa que consumir cultura popular no sea entretenido (la vida no tendría sentido sin los maratones ocasionales de Netflix). Además, si pasaras cada minuto de tiempo libre leyendo libros densos y revistas académicas, probablemente el aburrimiento se apoderaría de tu vida.

Pero, al mismo tiempo, es importante seleccionar e incrementar la calidad de los puntos que consumes de forma regular. Las personas más creativas y productivas defienden su espacio de atención religiosamente: solo permiten la entrada a los puntos más provechosos.

Pero ¿cómo se mide el valor de un punto?

En primer lugar, un punto valioso es entretenido y útil (como una TED Talk). Los puntos valiosos no pierden relevancia fácilmente y son prácticos. Su capacidad de entretenimiento hace que estés más comprometido con su consumo. Detectar si una actividad es entretenida es bastante sencillo, pero detectar su utilidad es más comprometido.

La información útil es práctica y te ayuda a alcanzar tus objetivos. Por ejemplo, escuchar cómo discuten los tertulianos de un programa de televisión probablemente no es práctico *ni* propicio para tus objetivos personales. Además, absorbe tiempo que podrías invertir en consumir otros puntos más importantes.

Leer un libro de ciencia o una biografía sobre un personaje histórico es mucho más valioso. Este tipo de actividades pueden inspirarte con nuevas perspectivas, son (relativamente) prácticas y realistas, y pueden ayudarte a alcanzar tus intenciones. La información que recibes, además, siempre tiende a perdurar más en la memoria.

Aparte de ser prácticos y beneficiosos, los puntos útiles también pueden estar relacionados con lo que has consumido en el pasado o ser *completamente novedosos.*

Consumir información relacionada con lo que has aprendido anteriormente te permite desarrollar una constelación de puntos alrededor de una sola idea. Si eres un ingeniero informático que está asistiendo a un curso para aprender a programar una nueva interfaz, o que lee un libro sobre la gestión de ingenieros, no hay duda de que son dos actividades productivas para tu tiempo, atención y energía. Cualquier pieza de información que fortalece tus habilidades existentes es una buena inversión. Cuanto más se dilaten las constelaciones de puntos en tu mente, más valiosas serán las conexiones que lleves a cabo. Es más, cuando tu cerebro consume información que fortalece tus conocimientos, libera dopamina, una sustancia química placentera para tu organismo[3].

Al mismo tiempo, también es extraordinariamente beneficioso consumir puntos totalmente novedosos que *no* tienen relación con tus conocimientos previos. Absorber datos nuevos te ofrece la oportunidad de cuestionar si solo consumes información que confirma tus creencias u opiniones y, además, puede funcionar como factor desencadenante para favorecer la inspiración. Como ya sabes, tu cerebro estará totalmente agradecido por absorber información novedosa.

Si alguna vez tienes dudas sobre la información que deberías consumir, pregúntate esto: ¿Cómo podría beneficiarse tu vida con esta información? Los consejos de este libro están siempre dirigidos para ayudarte a gestionar tu atención de forma intencionada. Por eso, este mismo principio se aplica en este caso: si la creatividad es la suma de los puntos que se conectan en tu mente, el consumo de información con el piloto automático es una de las actividades más inútiles que puedes practicar.

RECOPILAR PUNTOS MÁS VALIOSOS

En general, los elementos útiles no siempre son entretenidos:

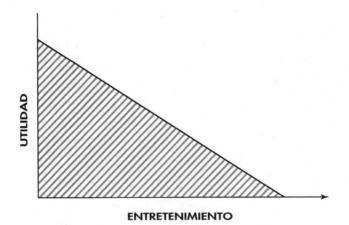

Aunque no siempre sucede así. Por ejemplo, puedes creer que algunos manuales de lectura son más entretenidos que los programas de televisión. Aun así, la mayoría de la información que consumes respetará esta tendencia. Se puede desglosar aún más la utilidad de lo que consumimos:

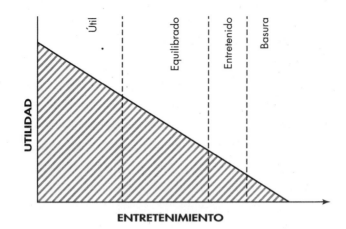

En el lado izquierdo de este gráfico se encuentran los puntos de mayor **utilidad** que consumimos. Es información práctica, precisa, útil y mantiene su relevancia a lo largo del tiempo. Puede estar relacionada con nuestros conocimientos previos (lo que nos permite conectarla y agruparla de forma más provechosa) o no tener ningún tipo de relación con nuestras especialidades (lo que produce más conexiones afortunadas). En mi opinión, los libros de no ficción, los cursos en línea y los artículos de las revistas sobre productividad están en esta categoría.

Por lo común, la información útil acostumbra a ser la más densa de estas tres categorías. Los libros son un buen ejemplo: mientras que un libro solo requiere unas diez horas de lectura, puede que su creación haya requerido *décadas* de trabajo, y que su contenido albergue lecciones de vida que el autor ha aprendido y sintetizado. Los libros permiten el acceso a los pensamientos de más alta calidad y a los puntos más útiles sobre casi cualquier tema.

Disponer de una cantidad ilimitada de energía para consumir información útil durante todo el día sería extraordinario. Por desgracia no es posible (incluso reponiendo frecuentemente nuestro suministro de energía mental). Por muy habilidosos que sean nuestros cerebros conectando puntos, no es fácil establecer como una rutina consumir exclusivamente material no entretenido. Por eso, es importante buscar información **equilibrada**, es decir, útil a la vez que entretenida. Innumerables fuentes de información encajan en esta categoría, desde novelas o *podcasts*, hasta documentales o TED Talks. La capacidad de entretenimiento de esta información favorece su absorción y, en consecuencia, es más probable que continuemos consumiéndola activamente.

Por último, existe una tercera categoría (en realidad, son dos) para la información que consumimos: la información **entretenida** o, incluso peor, **basura**. Aunque en un primer momento puede parecer una buena idea consumir este tipo de información (como la comida basura), es la menos útil y práctica; además, no aporta nada a la consecución de tus objetivos. Esta categoría incluye los programas de telebasura, los libros sin propósito o la mayoría de las páginas web que visitamos. Por lo común, consumimos este tipo de información de forma pasiva, es decir, con el piloto automático activado. Mientras que la mitad de este tipo de información es entretenida, la otra mitad es completamente inútil: una combinación de información novedosa, placentera y morbosa fácil de desear.

Por norma general, deberíamos:

- consumir información útil cuando tenemos la energía para procesar algo más denso.
- consumir información **equilibrada** cuando tenemos menos energía.
- consumir información **entretenida** con algún propósito cuando se nos está agotando la energía.
- limitar el consumo de información **basura**.

Existen dos maneras para mejorar la calidad de la información que recopilas:

1. Evaluar toda la información que consumes.
2. Consumir intencionadamente información más valiosa.

El objetivo de consumir puntos de información más valiosos no es convertirte en una superinteligencia viviente que devora información valiosa durante todo el tiempo. ¿Dónde está la diversión en eso? El objetivo consiste en distanciarte de la información que consumes para poder elegir voluntariamente qué quieres asimilar. Si no reflexionas sobre tu vida y tu trabajo, es imposible volverse más productivo o creativo. Esto es lo que hace que tácticas como seleccionar las tareas más productivas, establecer intenciones o dejar que tu mente se desenfoque sean tan poderosas. Elegir tus puntos de información más valiosos solo es otra de estas tácticas.

Para empezar la evaluación, clasifica toda la información que consumas en una de las cuatro categorías: útil, equilibrada, entretenida y basura. Incluye todas las aplicaciones que enciendes de forma automática, las páginas web que visitas habitualmente, los libros que lees en tu tiempo libre, los programas y las películas que ves en la televisión o en Netflix, y cualquier otra información relevante que tengas a tu alcance. Puede ser útil llevar un bloc de notas durante unos días para anotar toda esta información. Hazlo tanto en casa como en el trabajo. Si lees muchos libros o asistes a cursos u otras actividades relacionadas con tu trabajo, es recomendable hacer dos listas: una para la información que consumes profesionalmente, y otra, para la que consumes de forma personal.

Probablemente, enseguida detectarás ciertas actividades en las que no quieres invertir más tiempo (como conectarte a las redes sociales, leer periódicos digitales o mirar la televisión). Quizá también encuentres algunas que te sorprendan. Por ejemplo, el estadounidense medio consume treinta y cuatro horas de televisión a la semana. Si eres uno de ellos, ahí tienes mucho tiempo para invertir en otros propósitos más provechosos[4]. También puedes detectar tus carencias: darte cuenta de que no lees nada de ficción a pesar de que siempre te ha gustado, o que no le dedicas tiempo a ninguna afición nueva.

Una vez que tengas el inventario de tus actividades, te propongo diez formas para cambiar tus hábitos y consumir intencionadamente información más valiosa. Empieza con los dos o tres consejos que mejor encajen contigo.

1. Consume cosas que te interesen, especialmente cuando interesan a poca gente más

Cuando anotes en la lista las actividades que llevas a cabo, es posible que te percates de que te interesan cosas que otras personas ignoran o desprecian.

Quizá te encanta tomar clases de código abierto en tu tiempo libre, algo que otra persona rechazaría de plano. O quizá te encanta escuchar audiolibros que tratan sobre productividad.

No dejes de realizar las actividades que estimulan las habilidades y el conocimiento que consideras entretenido. Además, usa el formato o el medio que mejor encaje con tus necesidades: si así lo prefieres, escucha audiolibros en vez de leerlos o, del mismo modo, mira una TED Talk en lugar de escuchar un audiolibro.

2. Elimina la información basura

El consumo pasivo de información basura no ofrece ningún beneficio a tu vida. Selecciona dos actividades que en realidad no te entretengan, y elimínalas por completo. Busca esas actividades que, aunque puedan parecer entretenidas, nunca te dejan satisfecho. Defiende tu espacio de atención despiadadamente. Si dejas de consumir información basura, cada vez tendrás más espacio para ocuparlo con información que merezca la pena.

3. Añade actividades provechosas a tu vida

¿Qué libros puedes leer, qué cursos puedes tomar o qué conversaciones puedes llevar a cabo que resulten útiles más adelante? ¿Puedes adquirir información más compleja sobre un tema concreto para llevar tu especialidad un paso más allá? ¿Qué aspectos de ti mismo puedes mejorar o qué conocimientos quieres aprender para mejorar en casa o en el trabajo?

Por cada actividad inútil que deseches, añade alguna que sea provechosa. Sé exigente: la información más valiosa es aquella que exige un esfuerzo y que requiere toda tu atención.

4. Fíjate en lo que consumes de forma automática

Presta especial atención a qué actividades recurres cuando te encuentras sin energía o en alguna transición entre tareas. A menudo, estos objetos de atención hacen la función de un placebo y no añaden nada valioso a tu vida.

Cuando un amigo con el que has ido a cenar se levanta de la mesa y se ausenta durante unos minutos, ¿qué aplicación del móvil acostumbras a abrir? ¿Buscas tu teléfono móvil tan pronto como tu amigo se levanta de la mesa? ¿Qué sitios visitas cuando navegas por Internet cuando estás en piloto automático?

5. Relájate... voluntariamente

Eres productivo cuando consigues lo que pretendes. Esta regla se cumple tanto si tu meta es leer un capítulo de un libro como ver cuatro episodios de *Juego de Tronos*.

Si pretendes relajarte, hazlo estableciendo voluntariamente los criterios para lo que planeas hacer: el número de episodios que verás, lo que comerás mientras los ves, lo que harás después, y así sucesivamente. Esta simple organización no solo te permite actuar con intención, sino que, también, elimina el sentimiento de culpa y permite que disfrutes más intensamente.

6. Reconsidera lo que estás consumiendo a medida que lo consumes

Aparte de ser más selectivo, debes reconsiderar el contenido de toda la información a medida que la consumes. El efecto Zeigarnik nos empuja a terminar todo lo que empezamos, pero cada minuto que pasamos en una actividad inútil es un minuto que perdemos para invertir en algo útil. Después de empezar un libro, una película o una serie de televisión, reconsidera si debes continuar hasta el final.

7. Realiza actividades que atraigan tu interés

Consulta los resúmenes de las descripciones de los *podcasts*, programas de televisión, películas y libros para apuntalar la elección de invertir tiempo y atención en ellos.

No tienes por qué escuchar todos los *podcasts* que se descargan automáticamente, los programas que grabas en tu disco duro o los libros que recomiendan tus amigos. Tomar la decisión de que algo merece la pena es un paso más para seleccionar la información que deseas consumir. Te ahorrará muchas horas que podrás dedicar a algo más valioso.

8. Cuando sea necesario, toma distancia

Si tienes problemas para decidir qué hacer cuando tienes varias actividades entre las que escoger, tómate cierta distancia para evaluar mejor la decisión.

Si frecuentas las redes sociales, estarás familiarizado con esos vídeos de cocina extrañamente satisfactorios que muestran en medio minuto cómo llevar a cabo cualquier receta. La espinaca se reduce a una quinta parte de su tamaño en un segundo, y los trocitos de pollo se cocinan en dos segundos. Puedes proyectar tus actividades de forma similar. Supongamos que tienes una hora libre para realizar cualquier actividad. Toma distancia y observa tu vida desde lejos: ¿En qué te gustaría verte ocupado durante esta hora?

¿Te gustaría verte tirado en el sofá como una masa informe viendo *Sherlock* en Netflix? O ¿preferirías ver cómo lees más de cien páginas de un libro? Alejarse para observar los impactos de tus acciones te ayudará a elegir qué actividad te proporciona la información más valiosa.

9. Invierte en la serendipia

Consumir información estimulante que se encuentra fuera de los límites de tu experiencia te obliga a realizar conexiones más originales. Cuanto más dispares sean los puntos de conexión, más valiosas serán las conexiones que surjan de tu cabeza.

Configura la página de inicio de tu navegador para que se abra con el marcador «página aleatoria» de Wikipedia. Entra en la sección AMA de Reddit, donde expertos de todo el mundo responden a preguntas corrientes de la gente común. Ve a un concierto de un grupo de música del que nunca has oído hablar. Lee un libro sobre un tema del que no sabes nada. Asiste a una clase de una actividad que siempre te ha interesado —*patchwork*, bailar o hablar en público—. Lee la biografía de un personaje histórico que conozcas, pero del que no sepas prácticamente nada. En mi caso, hace unos meses me inscribí en un curso en línea de programación de aplicaciones para iPhone. Hoy en día es uno de mis pasatiempos favoritos.

10. Sigue adelante con las actividades provechosas

Hay ciertos temas o tareas que se te dan mejor que otros, y en los que demuestras un talento prácticamente innato. Cuantos más puntos recopiles sobre estos asuntos, más maestría lograrás en su ejecución.

Por cada actividad inútil que elimines, puedes añadir otra que favorezca o fortalezca tus puntos fuertes. Por ejemplo, si eres profesor, en vez de poner Netflix cuando regresas del trabajo, considera apuntarte a un curso para aprender nuevas habilidades profesionales. Cuando logras multiplicar tus conocimientos más sólidos, los resultados en creatividad y productividad son impresionantes: te sorprenderán.

COMO POR ARTE DE MAGIA

A medida que vamos juntando constelaciones de puntos alrededor de un determinado tema, las ideas comienzan a construirse unas sobre otras. En ocasiones, parece magia.

Siempre me ha gustado esta cita de Arthur C. Clarke[5]: «Cualquier tecnología suficientemente avanzada es indistinguible de la magia». Personalmente, me atrevo a llevar esta afirmación un paso más allá: Cualquier *idea* o *decisión* suficientemente compleja también es indistinguible de la magia. Siempre que no entendemos la compleja secuencia de puntos que converge en algún resultado, lo atribuimos a la magia o al genio.

Desde que tengo uso de razón, los trucos de magia siempre me han fascinado. Pero descubrir el mecanismo de una ilusión compleja me resulta mucho más satisfactorio que ver el truco en sí mismo. Las ilusiones dejan de ser mágicas cuando te explican el truco, pero aprender cómo se hacen es un momento sublime en sí mismo, como cuando encajan todas las piezas de un rompecabezas.

Como los trucos de un mago, los métodos de un genio son un misterio hasta que se desenreda la red de conexiones que los causan. Por lo común, esta gente es la que tiene más experiencia, la que ha dedicado más horas y la que ha conectado más puntos que nadie sobre un tema. Como escribió el autor Malcolm Gladwell[6]: «La práctica no es lo que uno hace cuando es bueno, es lo que uno hace para volverse bueno».

Sin duda, Albert Einstein era un genio: conectó más puntos, y de forma más singular, que la mayoría de los mortales. Pero, al mismo tiempo, poseía las mismas limitaciones mentales que nosotros. Para concebir la idea de la teoría general de la relatividad, Einstein tuvo que recopilar y conectar una cantidad increíble de puntos que le permitieran entrelazar reglas naturales y conceptos matemáticos para crear unas conexiones que nadie había logrado antes[7]. Para desenfocar su atención, acostumbraba a tocar el violín de forma incesante.* En realidad, Einstein *trabajó* para alcanzar la genialidad. Como él mismo dijo: «No tengo ningún talento especial, solo soy extremadamente curioso[8]». Cuestionándose preguntas del estilo de «¿Cómo sería correr junto a un rayo de luz?», logró formar complejas redes de puntos que le permitirían formular la teoría de la relatividad[9]. A pesar de sus éxitos, incluso Einstein se vio afectado por el síndrome del impostor. En una ocasión, mientras escuchaba el griterío y los aplausos de una marabunta de personas que aguardaba tras la puerta de su habitación de hotel, le dijo a Elsa: «Creo que somos unos estafadores. Acabaremos en la cárcel[10]».

---

* Hay innumerables ejemplos de otras personas que dispersan su mente para conectar ideas. Para escribir *Hamilton*, posiblemente el mejor espectáculo de Broadway jamás creado, el compositor Lin-Manuel Miranda hacía bucles o *loops* musicales con un programa, y andaba dando vueltas en modo desenfocado hasta que le llegaba la letra[11].

Aunque a menudo la historia nos ofrece el relato de un genio solitario e impulsivo que rompe cualquier lógica, todos los genios han invertido tiempo y esfuerzo para alcanzar la grandeza. Por ejemplo Mozart, que escribió su primera sinfonía a los ocho años. Daniel Levitin, el autor de *This Is Your Brain on Music*, propuso una teoría para explicar su talento musical. «No sabemos a ciencia cierta cuántas horas dedicó Mozart a la música, pero si empezó cuando tenía dos años, y practicaba treinta y dos horas semanales (muy probable, dada la estricta reputación de su padre), habría realizado sus primeras 10 000 horas cuando cumplió los 8 años[12]». La «regla de las diez mil horas» es bien conocida: es la cantidad de horas aproximada que necesitas para alcanzar la maestría en alguna actividad. Aunque la regla no es aplicable en todos los casos (es probable que puedas convertirte en un experto devorador de madalenas en mucho menos tiempo), es un criterio bastante fiable. Diez mil horas es tiempo suficiente para crear una densa constelación de puntos en torno a un determinado tema o habilidad.

EL HÁBITO DE DESENFOCAR LA ATENCIÓN

Espero haberte convencido de los magníficos beneficios que ofrece el scatterfocus. Hacerlo te permite crear conexiones entre ideas o experiencias totalmente independientes, recargar la energía y planear el futuro. Para conseguir estos beneficios, tan solo debes relajar tu mente y desenfocar la atención[13].

La frecuencia con la que lo hagas dependerá de muchos factores. En primer lugar, dependerá directamente del número de veces que uses el hiperenfoque. Como ya sabes, el hiperenfoque consume energía mental, mientras que desenfocar la atención ofrece la posibilidad de restaurarla.

Desenfocar la atención es particularmente beneficioso cuando tu trabajo exige conexiones complejas, es decir, ideas originales o soluciones singulares. Por ejemplo, si eres un investigador responsable de planear los experimentos o un diseñador de videojuegos que crea las líneas argumentales, necesitarás desenfocar más a menudo tu atención. Cuanta más creatividad exija tu trabajo, más a menudo deberás desenfocar la atención. En la actualidad, la mayor parte del trabajo intelectual se beneficia de toda la creatividad que le podamos aportar.

Por último, la frecuencia con la que desenfocas la atención debería reflejar la importancia que tienen los planteamientos en tu trabajo. Otra de mis citas favoritas es una de Abraham Lincoln: «Dame seis horas para cortar un árbol y gastaré las primeras cuatro afilando el hacha». Tanto si tenemos en mente renovar nuestro hogar como si creemos oportuno organizar un nuevo estudio de investigación, el planteamiento que adoptemos para llevar a cabo estas tareas es sumamente importante. Si desenfocamos la atención mientras estructuramos la planificación de una tarea o proyecto, nos ahorraremos mucho tiempo durante su ejecución.

El cerebro necesita varios minutos para pasar de un estado de hiperenfoque a otro donde podamos desenfocar la atención. Por eso, tomar descansos de quince minutos entre tarea y tarea logrará mejores resultados que aprovechar los pequeños fragmentos de tiempo libre que aparecen durante el día. Pero, aunque esos pequeños descansos no te garanticen ningún momento de inspiración, serán útiles para incrementar tu creatividad. Sin duda alguna, gracias a ellos podrás relajarte, planear cuál es el siguiente paso y capturar cualquier idea provechosa para el trabajo que estás realizando. Las tres maneras de desenfocar la mente —el modo habitual, el de observación y el de resolución de problemas— funcionan tanto con sesiones largas como cortas, aunque siempre serán más provechosas si las dilatas en el tiempo.

Así como desenfocar la atención durante la jornada laboral ofrece beneficios, existen otros momentos en los cuales tienes la oportunidad de relajar la mente para que divague:

- Desconéctate de Internet entre las 8 de la tarde y las 8 de la mañana.
- Cuando acabes una tarea, considéralo como una señal para desenfocar la atención.
- Cómprate un despertador para que no te distraigas con el teléfono móvil nada más levantarte.
- Pasea hasta la cafetería con un bloc de notas.
- A modo de desafío, deja el teléfono móvil en casa durante todo un día.
- Tómate una ducha larga y relajante.
- Abúrrete durante cinco minutos y apunta los pensamientos que rondan por tu cabeza.
- Controla las distracciones y simplifica tu entorno para asegurarte de que tu atención no encuentra estímulos externos cuando realizas un pasatiempo entretenido.
- Cocina con música de fondo en lugar de ver algo entretenido.
- Da un paseo por la naturaleza.
- Visita una galería de arte.
- Haz ejercicio sin música ni *podcasts*.

A primera vista, desenfocar la atención parece un ejercicio bastante improductivo. Mirar por la ventana cuando usas el transporte público, pasear por la naturaleza, hacer ejercicio sin auriculares o escribir en tu bloc de notas mientras esperas turno no parecen actividades muy productivas. Pero, aunque no pareces ocupado, tu mente está trabajando.

El scatterfocus es el modo más creativo de tu cerebro. Al igual que con el hiperenfoque, vale la pena practicarlo durante todo el tiempo que te sea posible.

COMBINAR LOS ENFOQUES

COMBINAR AMBOS MÉTODOS

En muchos sentidos hiperenfocarse y desenfocarse son dos procesos completamente opuestos. En uno realizamos algo (enfocando la atención en algo externo) y, en el otro, pensamos en algo (enfocando la atención en nuestro interior). Así pues, es completamente imposible llevar a cabo los dos procesos al mismo tiempo.

Sin embargo, a pesar de esta naturaleza contradictoria, existen muchas oportunidades para que ambos trabajen de forma conjunta. Cuando nos enfocamos, consumimos y recopilamos puntos; cuando nos desenfocamos, los conectamos. Hiperenfocar nos permite incrementar nuestra capacidad de memoria; en consecuencia, las conexiones de puntos que realizamos cuando desenfocamos la atención son mucho más valiosas. Desenfocar nos permite que nuestra mente se relaje y recupere la energía; gracias a ello, somos capaces de hiperenfocarnos. Las ideas o pensamientos que logramos sacar a la luz cuando desenfocamos la atención nos ayudan a realizar un trabajo más eficiente cuando estamos hiperenfocados. En este sentido, y en otros muchos, la gestión intencionada de nuestra atención es una práctica con beneficios complementarios.

Existen varias estrategias que puedes aplicar para mejorar tanto el hiperenfoque como el desenfoque. Estas estrategias te serán de gran ayuda, independientemente del modo en el que te encuentres.

INVIERTE EN TU FELICIDAD

Si tienes la oportunidad de consultar los muchos libros, artículos o trabajos de investigación relacionados con la felicidad, es probable que te desesperes por la cantidad de consejos que existen sobre el tema. En realidad, algunos son valiosos, pero la mayoría son meras promesas vacías de contenido.

Es importante diferenciar entre invertir en felicidad y pensar simplemente de forma positiva. En pocas palabras, el pensamiento positivo no logra que seas más feliz o más productivo. De hecho, muchos estudios revelan que es *contra*producente. En un estudio[1] se demostró que las personas con sobrepeso que más fantaseaban con adelgazar, menos kilos perdían a lo largo del año. Otro estudio también concluyó que los enfermos convalecientes que más ilusiones se hacían con una recuperación pronta y efectiva, más tiempo tardaban en mejorar su estado. Así mismo, otros estudios también resolvieron que fantasear sobre el futuro perjudica las cualificaciones en los exámenes, las probabilidades de empezar una relación romántica, el desarrollo de las rutinas diarias e, incluso, el sentimiento de caridad.

El pensamiento positivo nos permite experimentar el éxito en el momento presente, pero nos exige renunciar a la posibilidad de preparar un plan para triunfar en el futuro. En la práctica, el pensamiento positivo no se diferencia en exceso de una mera ilusión.

Entonces, ¿qué *es* útil para mejorar nuestra felicidad? Pasar tiempo con las actividades que estimulan nuestro nivel de afecto positivo: es decir, de nuestro bienestar. Hay una gran cantidad de investigaciones que demuestran que la felicidad nos ayuda a gestionar la atención, así como a sugerir formas efectivas de aumentar nuestro nivel de felicidad. Curiosamente, cuanto más invertimos en nuestra felicidad, más productivos somos con el hiperenfoque y más creativos nos volvemos cuando desenfocamos la atención.

Antes de profundizar en los motivos, vale la pena señalar que es probable que te sientas más feliz solo con practicar las ideas de este libro. Cuando tu mente divaga o fantasea en contra de tu voluntad, no proporciona ninguna clase de satisfacción. En realidad, del mismo modo que eres feliz cuando logras enfocarte de forma intencionada, cuando desenfocas la atención voluntariamente también logras aumentar tu felicidad[2]. Practicar el hiperenfoque y trabajar con menos distracciones permite que te enfoques en el presente. Dejar que tu mente divague *intencionadamente* impide que la culpa, las dudas o el estrés intervengan en el proceso porque has sido tú mismo quien ha elegido relajarse. Para ser francos, desenfocar la atención no nos colma de felicidad a menos que estemos pensando en algo útil, interesante o novedoso. Desenfocar la atención —la forma intencionada de dejar la mente divagar— nos permite experimentar los tres[3].

¿Por qué invertir en la felicidad fomenta la productividad y la creatividad?

En primer lugar, **un estado de ánimo positivo expande el tamaño de tu espacio de atención, independientemente del modo en el que te encuentres**[4].

Cuando eres feliz, se incrementa la cantidad de dopamina en las áreas lógicas del cerebro, las cuales permiten afrontar tu trabajo con más vigor y energía. Asimismo, como dispones de más espacio de atención, podrás utilizar los recursos que necesites para enfocarte más profundamente[5]. Además, estar de buen humor te permite retener la información que aparece sobre la marcha. Por otro lado, también consumes la información de forma más activa: si eres feliz, tienes más posibilidades de relacionar ideas de forma original, de romper la «rigidez funcional» y de observar usos novedosos para las cosas conocidas, como un MacGyver casero. Por último, la felicidad también te anima a buscar alternativas positivas o metas distintas[6].

En cambio, **un estado de ánimo negativo disminuye el tamaño de tu espacio de atención.** La gente desdichada es, sin duda, menos productiva. Si no eres feliz tu mente tiende a divagar en contra de tu voluntad; por eso, tendrás disponible menos espacio de atención para afrontar los asuntos que se presentan ante ti[7]. Si eres infeliz, lo más importante es controlar las distracciones (porque tienes menos espacio de atención y energía para combatirlas). Los lugares que frecuenta tu mente cuando divagas en un estado de ánimo negativo también son distintos: es más probable que se dirija al pasado lejano para darle vueltas a los sucesos que ocurrieron entonces[8].* Aunque en ocasiones puedes sacar beneficio de que tu cerebro se remonte a épocas pretéritas, a corto plazo tu productividad se verá afectada. Cuando tu mente se enfoca en recuperar el pasado, es menos probable que invierta el tiempo planeando el futuro o reuniendo nuevas ideas. Y, al mismo tiempo que tus episodios de dispersión o devaneo incrementan, se vuelven menos placenteros y productivos. Es por esto por lo que es crucial detectar los problemas con los que estás lidiando cuando estás en un estado de ánimo negativo: siempre que te sientes desdichado es porque algunos problemas te están afectando. El efecto Zeigarnik —que mantiene en tu cabeza los problemas sin resolver— te obliga a pensar más en ellos[9].

---

* El método que usaron los investigadores para obtener estos resultados en un laboratorio fue haciendo que los participantes escucharan música alegre o triste mientras recitaban frases positivas o negativas. Algunos participantes escucharon música inspiradora como *Pequeña serenata nocturna* de Mozart mientras pronunciaban sentencias como: «Tengo plena confianza en mí mismo». Otros escucharon música más triste como el *Adagio para cuerdas* de Barber mientras pronunciaban afirmaciones como: «Justo cuando pienso que las cosas van a mejorar, algo sale mal».

Además, un estado de ánimo negativo tampoco favorece la vuelta al trabajo después de una interrupción, y es proclive a centrar la atención en los fracasos. Según un estudio, los hábitos que favorecen que nuestro cerebro divague menos (como el *mindfulness* o la meditación) son «efectivos para reducir las recaídas en la recuperación de pacientes depresivos[10]».

Si bien es cierto que existen pocos estudios que calculen exactamente en qué grado se expande tu espacio de atención cuando eres feliz, el psicólogo de Harvard y experto en felicidad Shawn Achor descubrió que las personas que son felices son un treinta y uno por ciento más productivas que las personas que se encuentran en un estado de ánimo negativo o neutro[11]. Además, la felicidad también te ayuda a ser más creativo cuando desenfocas la atención. Eres más propenso a encontrar soluciones profundas y eficientes cuando estás en un estado de ánimo positivo, lo que no es de extrañar, dado que tu cerebro tiene más espacio de atención y energía para trabajar[12].

Entonces, ¿cómo podemos alcanzar la felicidad usando los descubrimientos científicos?

Uno de mis estudios favoritos (el mismo que reveló que divagamos durante el 47 % de nuestro tiempo) encuestó a miles de participantes con un formulario donde solo constaban dos preguntas: qué estaban haciendo los participantes en el momento de recibir la encuesta (se mandó una notificación a sus teléfonos móviles), y qué felicidad les producía la actividad que estaban llevando a cabo. Cuando publicaron los resultados, los investigadores habían recibido un total de 250 000 respuestas[13]. A continuación, expongo las cinco actividades que más felicidad producían:

- Escuchar música
- Jugar
- Hablar e invertir tiempo en sus relaciones

- Hacer ejercicio
- Hacer el amor

Vale la pena señalar que precisamente cuando hacemos el amor es cuando nuestra mente divaga en menor medida, además de que es la actividad que más felicidad aporta mientras se practica. Ninguna otra se le acerca en este aspecto.

Al margen de estas actividades, existen otras muchas que también han demostrado ser efectivas para incrementar la felicidad de quien las practica. Uno de mis estudios preferidos sobre el campo de la felicidad es el ya mencionado de Shawn Achor, el autor de *La felicidad como ventaja*. En el libro y en su TED Talk, Shawn ofrece algunas estrategias para reforzar tu felicidad avaladas por la ciencia[14]. Estas son algunas de sus principales sugerencias:

- Al final de cada día, piensa en tres cosas por las cuales deberías estar agradecido (una buena táctica que acompaña a la Regla de tres que apareció en el capítulo 3).
- Escribe a diario una buena experiencia que hayas tenido.
- Meditar (ver capítulo 5).
- Realizar un acto de bondad.

A pesar de que los estados de ánimo o las actitudes no son puntos o conceptos que podemos recordar, influyen enormemente en la forma en la que percibes y te relacionas con lo que se encuentra en tu espacio de atención (incluso afectan su tamaño). La felicidad es el filtro de placer que colocamos por encima de nuestro espacio de atención, y el responsable de que nos relacionemos con nuestras experiencias de un modo más productivo y creativo.

Si solo necesitas un pequeño empujón, elige algunas de las anteriores estrategias y pruébalas. Analiza qué cambios ocurren al hacerlo. Prueba las que quieras, y quédate con las que mejores resultados te ofrezcan. Al final del día, no solo habrás logrado ser más feliz, sino que, además, habrás incrementado tu productividad y tu creatividad.

TRABAJA SEGÚN TUS NIVELES DE ENERGÍA

Como probablemente habrás experimentado, los niveles de energía a lo largo del día son de todo menos predecibles. Fluctúan según varios factores, como los ritmos programados de tu cuerpo (por ejemplo, puedes ser más diurno o más nocturno), la cantidad de ejercicio que realizas, tu alimentación o tus horas de descanso. Del mismo modo que los niveles de energía, tu enfoque y tu productividad tampoco son constantes. Eres más productivo cuando dedicas tus horas de máxima energía a las tareas más complejas y significativas.

Si has leído mi anterior libro, *The Productivity Project*, estarás familiarizado con esta idea. Hiperenfocarte es más efectivo durante tus picos de energía. Yo lo llamo tu Tiempo Óptimo Biológico (TOB), y su aparición no responde a un mismo patrón para cada uno de nosotros. (Si registras tus niveles de energía durante una semana o dos, serás capaz de identificar tu propio patrón de energía). Si llevas a cabo tus tareas más complejas durante tu TOB, lograrás multiplicar la productividad de tu trabajo.

Pero no sucede lo mismo cuando desenfocamos la atención. En realidad, sus efectos son mucho más poderosos si disponemos de *poca* energía. En este estado, tu cerebro se desinhibe y es incapaz de enfocarse en las ideas o conceptos que genera. Para resolver los problemas analíticos es indispensable enfocar la atención en ellos, pero para los problemas que requieren una solución creativa lo importante no es retener o comprender las ideas, sino relacionarlas en gran número[15]. Un estudio desveló que solucionamos un *27.3 por ciento* de nuestros problemas que necesitan otro punto de vista durante los intervalos donde el cerebro se muestra más cansado[16].

A estos periodos de poca energía los denomino Tiempo Óptimo Creativo (TOC).

No son pocos los estudios que examinan los periodos en los que gozamos de más energía. En general, suelen aparecer al final de la mañana (sobre las 11) y a media tarde (sobre las 2 o las 3). Por lo común, los intervalos donde nuestra energía ostenta los niveles más bajos son después de la hora de comer.

Los niveles de energía también fluctúan a lo largo de la semana: normalmente mostramos menos compromiso con nuestro trabajo los lunes (experimentamos más aburrimiento), y recuperamos la energía los viernes[17].* Obviamente, cada cual tiene su propio ritmo: si eres una persona madrugadora que se levanta de la cama a las 5 de la mañana, tu horario de máxima actividad puede anticiparse, y las tardes pueden ser el mejor momento para el trabajo creativo. Del mismo modo, la gente nocturna puede observar que son más productivos cuando otra gente ya lleva mucho tiempo acostada.

Una manera excelente de organizar el trabajo de forma más eficiente es programar las tareas que requieren una atención enfocada durante tu TOB, y las que requieren más creatividad durante tu TOC. No dudes en reservar el tiempo correspondiente para cada una de tus tareas.

CONSUME ALCOHOL Y CAFEÍNA DE FORMA ESTRATÉGICA

En lo relativo a la disminución de tus inhibiciones, seguramente estarás familiarizado con los efectos del alcohol. Del mismo modo

---

* Otro hallazgo azaroso y divertido de este estudio: realizamos el mayor número de tareas rutinarias los jueves (alrededor de un tercio de las rutinas que realizamos a lo largo de toda la semana). Si te encuentras dentro de este patrón, sería una buena opción considerar los jueves como tu «Día de Mantenimiento», es decir, los días en los que debes realizar las tareas que no necesitan de un enfoque extraordinario.

que con el cansancio, se ha demostrado que el alcohol mejora la capacidad para resolver los problemas creativos. (Para poner a prueba esta teoría, reescribí una parte de este capítulo mientras tomaba un cóctel de vodka con un toque de lima. El resultado dependerá de tu propio juicio).

Otro de los estudios que más me interesó al escribir este libro fue uno en el que los participantes se emborracharon un poco mientras veían la película de Pixar *Ratatouille*. Los investigadores separaron a los participantes en dos grupos. Al primero se le dio de comer roscas y varias bebidas alcohólicas. Pero el segundo grupo no fue tan afortunado: vio la película, pero no consumió ningún alimento o bebida durante la proyección[18].

Los resultados del estudio fueron contundentes: después de ver la película, los participantes que habían consumido alcohol fueron capaces de entender o resolver los trabalenguas o los creativos juegos de palabras un 38 por ciento mejor que los participantes que no habían ingerido nada. Pero eso no es todo. Además, ¡los resolvieron más rápidamente! (Como habrás adivinado, los participantes ligeramente ebrios no mejoraron en la resolución de problemas lógicos). De nuevo, cuando se trata de resolver problemas creativos, la mejor manera de conseguir buenos resultados consiste en no ejercer un control estricto sobre tu atención.

Sin duda, el propósito de este estudio no consiste en incentivar el consumo de alcohol, que, dicho sea de paso, no está exento de inconvenientes. El estudio de *Ratatouille* solo pretendía calibrar el rendimiento en las tareas que demandaban creatividad, pero, en la práctica, la mayoría de las tareas requieren una mezcla de creatividad y enfoque. Es por ello por lo que, si alguna tarea requiere de cierto grado de enfoque, el alcohol no permitirá su ejecución, es más, destruirá completamente tu productividad.

Si te interesa la meditación, tantea realizar una sesión después de tomar una copa. Experimentarás los efectos de primera mano:

el consumo de alcohol favorece que la mente se disperse y restringe las inhibiciones de tu cerebro. Pero, en cambio, afecta la calidad de tu enfoque de dos maneras distintas: impide que te enfoques durante un tiempo prolongado, y evita que te des cuenta de que tu mente está divagando[19].

Hallarse bajo los efectos del alcohol también afecta tu espacio de atención[20]. Sus efectos disminuyen su tamaño e impiden que puedas enfocarte intencionadamente en cualquier labor. Cuanto más alcohol hayas ingerido, más problemas tendrás para enfocar tu mente y serás incapaz de darte cuenta de ello. No es de extrañar que, además, nuestra memoria se vea afectada y sea incapaz de retener información porque, en primer lugar, somos incapaces de enfocar la atención en lo que hacemos.

En la práctica, consumir alcohol solo vale la pena en ocasiones contadas y señaladas. Si el día está llegando a su fin y deseas rumiar algunas ideas que rondan por tu cabeza, una copa de vino puede ayudar a encontrar una solución. Pero ten en cuenta que esa ayuda proviene precisamente de la falta de control que causa en tu atención.

Considero el consumo de alcohol como una forma de sustraer energía y felicidad del día siguiente. En ocasiones, vale la pena pagar este precio (como cuando sales con unos amigos a los que no has visto en mucho tiempo), pero, por lo común, no es una estrategia efectiva. Si consumes alcohol, hazlo en esas ocasiones en las que quieres dejar vagar tu mente libremente y no tienes nada planeado para el día siguiente.

La cafeína es otra droga que debes consumir estratégicamente. Cuando se trata de gestionar la atención, la cafeína tiene el efecto opuesto al alcohol: mientras que el alcohol nos ayuda a desenfocar la atención, la cafeína nos ayuda a enfocarla.

Las investigaciones en este aspecto son concluyentes. La cafeína estimula los procesos mentales y físicos prácticamente de todas las formas posibles:

- **Incrementa nuestro enfoque** sin tener en cuenta si estás realizando una tarea simple o compleja. Además, centra nuestro enfoque de forma que nos es relativamente más fácil atender una sola tarea. (Por ello, es contradictoria con desenfocar la atención).

- **Nos permite prolongar nuestro enfoque**, especialmente con las tareas más largas y tediosas. (Aumenta nuestra determinación sin importar la fatiga que llevemos acumulada).

- **Mejora nuestro rendimiento en las tareas** que requieren memoria verbal, tiempo de reacción rápido o razonamiento espacial (por ejemplo, montar un rompecabezas[21]).

En general, después del consumo de unos 200 miligramos de cafeína (una sola taza de café contiene alrededor de 125 miligramos), los efectos van disminuyendo paulatinamente. Debe evitar cantidades mayores de 400 miligramos. Con esa cantidad de cafeína los efectos podrían incrementarse y experimentar ansiedad, lo que produciría un deterioro en el desempeño de tus tareas[22]. De nuevo, sigue este consejo solo si prueba ser efectivo para ti. Cada cual reacciona de una manera diferente. Algunos metabolizan la cafeína más rápidamente o muestran cierta tolerancia a su consumo, otros, comprueban como su cuerpo tiembla nerviosamente después de unos pocos sorbos. Del mismo modo que todos los demás consejos, es crucial aplicar las tácticas individuales según los efectos personales que nos producen.

La cafeína, además, también puede aumentar el rendimiento de los trabajos o ejercicios físicos, ya que te ayuda a soportar altas temperaturas, aumenta el rendimiento de tu fuerza y aumenta la tolerancia al dolor durante el ejercicio.

Así como ocurre con el alcohol, la cafeína no está exenta de inconvenientes (incluso cuando se consumen bebidas con cafeína que no están repletas de azúcar, como el té negro, el té verde o el té matcha, mi favorito). A medida que tu cuerpo va metabolizando la cafeína, la energía se desvanece y la productividad se ve comprometida. Por otro lado, la cafeína también puede interrumpir el sueño, lo cual puede perjudicar la productividad del día siguiente.

Por todos estos motivos, opta por consumir cafeína cuando realmente te beneficies de incrementar tu rendimiento mental o físico. Siempre que el día no se encuentre muy avanzado, puedes consumir un poco de cafeína para hiperenfocarte en una tarea o para ir al gimnasio y realizar una sesión de ejercicio intenso.* En lugar de tomarte una taza de café después de levantarte, espera hasta llegar al trabajo, así podrás beneficiarte de sus efectos cuando abordes las tareas más productivas. Si a primera hora de la mañana tienes una sesión de *brainstorming*, consume la cafeína *después* de esta. De este modo mantendrás abierto tu espacio de atención para que las ideas fluyan más fácilmente. En cambio, si debes presentar un proyecto en una reunión, haz todo lo contrario.

OFICINAS ABIERTAS

A parte de escribir libros, también me dedico a dar charlas en muchos lugares de trabajo distintos, y con el tiempo me he dado cuenta de que cada vez más compañías optan por elegir una

---

* Si buscas un estimulante instantáneo, prueba con el chicle con cafeína. El cuerpo absorbe la cafeína más rápidamente a través del tejido bucal[23].

oficina abierta. Las oficinas abiertas son un concepto ambiguo cuando hablamos de productividad y enfoque.

Sin lugar a duda, es más fácil enfocarnos cuando trabajamos en un entorno que podemos controlar. Por este motivo, el entorno incontrolable de una oficina abierta no favorece nuestra capacidad de enfoque. Las investigaciones parecen estar de acuerdo con esta última afirmación: en las oficinas abiertas nos distraemos un *64 por ciento más* y nos interrumpen muchas más veces[24]. Una oficina abierta puede disminuir seriamente nuestra productividad si necesitamos afrontar una tarea que requiera enfocar nuestra atención.

Pero este tipo de oficina también ofrece sus beneficios. Uno es que favorecen la dedicación prolongada a un solo proyecto. El motivo es interesante: mientras que nuestros compañeros de trabajo nos interrumpen más fácilmente en un espacio de trabajo abierto, también se muestran mucho más considerados al hacerlo. Esto es la consecuencia de que pueden observar cómo trabajamos y cuándo estamos tomándonos un descanso (después de una llamada, una reunión o cuando nos levantamos tras dar por terminada una tarea). En este tipo de entornos, nos interrumpen más frecuentemente cuando estamos cambiando de tarea, por ello, no necesitamos ni mucho tiempo ni energía para volver al trabajo[25].

Bien es cierto que este libro se enfoca en nuestra productividad personal. Pero nuestro trabajo no se halla en el vacío: por lo común, nuestros proyectos exigen la intervención de personas ajenas. En un trabajo altamente colaborativo, cuanto más rápido logremos obtener la información de los demás y más rápido logremos entregarla nosotros, mejor será la colaboración: el equipo será más productivo porque trabajará como un sistema completo.

Así pues, una posible conclusión puede ser que, si trabajas en una oficina donde el trabajo es colaborativo e implica una gran cantidad de creatividad o de conexión de ideas, una oficina abierta probablemente presentará más beneficios que desventajas.

Por el contrario, si tu trabajo se basa en tareas que requieren de un alto grado de enfoque sin distracciones, una oficina abierta puede ser perjudicial para tu productividad.

Si eres el responsable de tomar una decisión para tu oficina, antes de plantear la distribución de una oficina abierta, ten en cuenta el trabajo que lleva a cabo tu equipo. Si consideras que este diseño vale la pena por los costes de productividad potenciales, no olvides formar a tu personal para que aprenda a gestionar las interrupciones. Un estudio descubrió que una vez un equipo de trabajo entendió los costes de las interrupciones en la productividad, estas disminuyeron un 30 por ciento[26].

También puede ser provechoso investigar si la mayoría de las interrupciones que tú o tu equipo experimentáis tienen el origen en una fuente concreta. Por ejemplo, si lideras un grupo de programadores que normalmente se ven interrumpidos por solicitudes de información o preguntas sobre los productos, opta por diseñar una herramienta que ayude a generar documentación más precisa y completa para que las interrupciones a tus programadores no sean tan frecuentes y costosas[27]. Si no puedes evitar la organización de una oficina abierta, asegúrese de designar una zona tranquila donde los empleados puedan concentrarse sin interrupciones.

CREAR UN RITUAL DE ENFOQUE

Hasta el momento, hemos visto cómo hiperenfocar y desenfocar tu atención, así como la creación de hábitos para que puedas ejercer estos dos modos de forma rutinaria.

Usa el hiperenfoque al menos una vez al día para ocuparte de las tareas más exigentes, eliminar las distracciones y enfocarte en una tarea en concreto. Emplea el scatterfocus varias veces al día para poder planificar el futuro, conectar las ideas y recargar la energía necesaria para hiperenfocarte. No dudes en hacer lo mismo en casa: enfócate en las experiencias y las conversaciones significativas, y desenfoca tu atención cuando necesites planear alguna actividad, descansar o conectar ideas.

Es probable que ciertas semanas te exijan más tiempo en un proceso que en el otro. Una de mis rutinas semanales favoritas es el ritual de enfoque, que programo para planear mi semana los domingos por la noche o los lunes por la mañana. En él, selecciono mis tres intenciones semanales y considero cuántas veces deberé hiperenfocar o desenfocar la atención durante la semana. Mentiría si os dijera que invierto *mucho* tiempo en esta tarea (nadie lo hace). Pero sí que es verdad que organizo brevemente mi semana para saber si será más beneficiosa usando uno u otro modo.

Cuando tú mismo te veas en esta situación, pregúntate:

- ¿Esta semana necesitaré ser más productivo o creativo? ¿Tengo alguna fecha de entrega que implique la necesidad de usar el hiperenfoque más de lo habitual? ¿O tengo más tiempo para organizar el futuro y relacionar ideas?

- ¿Qué compromisos amenazan el tiempo reservado para hiperenfocarme o desenfocarme (por ejemplo, viajes, conferencias o reuniones)? ¿Qué puedo hacer para solucionarlo?

- ¿Qué intervalos de tiempo puedo dedicar a enfocar y a desenfocar la atención? ¿Puedo comprometer estos intervalos con mi agenda?

AVISO

Este capítulo final ha explorado una variedad de ideas que te permitirán mejorar el control de tu atención. Si inviertes en tu felicidad, trabajas en relación con tus niveles de energía, bebes oportunamente café o alcohol, reflexionas sobre el ambiente de tu oficina y planificas tus sesiones para enfocar o desenfocar la atención, serás capaz de dar un paso más hacia la gestión óptima de tu atención.

Aun así, no podemos dejar de lado un concepto crucial para la gestión de tu atención: ser consciente de lo que haces en todo momento.

Cuando adquieras una mayor conciencia de lo que ocupa tu espacio de atención, de la energía de la que dispone y del nivel de saturación que soporta, incrementarás tu agilidad y la capacidad para adaptarte cuando cambien las condiciones. Por ejemplo, si te has atascado con un problema, ser consciente de ello te permitirá determinar si el problema demanda una solución analítica o creativa[28] —puedes entrar en modo de hiperfoco o de desenfoque según sea el caso.

Una de las mejores estrategias para que tu cerebro sea más consciente de sí mismo es el uso de los avisos de conciencia que expuse en el capítulo 3. Cuando suena la alarma comprueba qué ocupa tu espacio de atención, así como también en qué estado se encuentra. Existe la posibilidad de que no hayas puesto en práctica todas y cada una de las ideas de este libro, pero si no lo has hecho con esta, no dudes en probarla.

Aparte de un aviso de conciencia cada hora, intenta seleccionar algunos señuelos o pistas que te sirvan de recordatorios para revisar tu espacio de atención, tanto en casa como en el trabajo.

La conciencia es el hilo conductor que sustenta la mayoría de las tácticas de este libro. Cuando eres consciente de lo que atrae tu atención, eres capaz de controlarla y dirigirla hacia tareas más importantes y significativas. En consecuencia, puedes trabajar con un propósito claro, enfocarte durante más tiempo y evitar que tu mente se disperse —tres factores determinantes para mejorar la calidad de tu atención y de tu vida—.

Ser consciente de uno mismo es el proceso de detectar lo que le ocurre a tu atención, que no es poco. Espero haberte ayudado a descubrir cómo funciona tu atención: cuánto tiempo usas intencionadamente, cuánto tiempo puedes estar enfocado y cuánto tiempo transcurre antes de que te des cuenta de que tu mente está divagando. Quizá, ahora eres consciente de la cantidad de veces que prestas atención sin motivo a algo novedoso, complaciente o estimulante.

Pero por encima de todo, espero que ahora seas más productivo, más creativo y que tengas un propósito que te guíe.

EL PODER DE GESTIONAR TU ATENCIÓN CORRECTAMENTE

Los beneficios de gestionar tu atención de manera efectiva son innumerables.

En primer lugar, cuando desactivas el piloto automático, logras recuperar el control de tu atención. Es entonces cuando empiezas a comprender sus límites y puedes trabajar con ella de forma correcta, eligiendo los momentos adecuados para cada tipo de tarea. Tu vida se vuelve más significativa porque prestas más atención a tus experiencias, y eres capaz de procesarlas más profundamente. En este aspecto, el significado no es algo que se encuentre de forma casual, es algo que exige un esfuerzo para que aparezca. También eres capaz de realizar más tareas porque puedes enfocarte en las labores importantes. Además, logras un mayor compromiso con tu trabajo y agudizas tu forma de pensar. Planeas el futuro y te marcas objetivos de forma habitual. Te encuentras más relajado y no experimentas sentimientos encontrados cuando tomas un descanso. Relacionas muchas más ideas sobre los temas que trabajas y que más te interesan. De este modo, tu inspiración gana creatividad y permite que tu trabajo sea más práctico e intuitivo.

El hiperenfoque puede ayudarte a alcanzar objetivos extraordinarios en un periodo corto de tiempo. Desenfocar la atención te ofrece la oportunidad de conectar ideas que te ayudan a descubrir conceptos ocultos, ser más creativo, planear para el futuro y descansar adecuadamente. Juntos te permitirán trabajar y vivir con un propósito.

La atención es la herramienta más poderosa para vivir y trabajar productiva y creativamente. Gestionarla de manera correcta te permite invertir más tiempo y energía en tareas significativas, trabajar de forma habitual con un propósito, enfocarte durante más tiempo y evitar caer en ensoñaciones sin sentido.

Es mi mayor deseo que la utilices sabiamente.

AGRADECIMIENTOS

Para que un libro como este pueda llegar a publicarse, es necesario que participen un gran número de personas. Su trabajo, en conjunto, es probablemente mayor que el mío.

En primer lugar, nunca he tenido el placer de conocer en persona a muchas de las personas que han hecho que este libro sea posible. Son investigadores sobre cuyos hombros me detuve para escribirlo. Muchas gracias a todos aquellos cuyo trabajo aparece escondido en las Notas o entre sus páginas. En especial a Gloria Mark, Mary Czerwiński, Shamsi Iqbal y a todo el departamento de investigación de Microsoft por acceder a reunirse conmigo no solo en una ocasión, sino en tres. Gracias, también, a Jonathan Schooler, Jonathan Smallwood, Peter Gollwitzer, y Sophie Leroy por aceptar tan generosamente hablar conmigo.

Lucinda Blumenfeld, mi agente literaria, creyó en este proyecto desde su más remoto principio, y ha sido la mejor compañera que nadie jamás podría desear para publicar un libro. Lucinda es una de esas pocas personas que no teme decir lo que piensa, pero que, al mismo tiempo, nunca deja de apoyarte. Estoy encantado de poder trabajar con una agente tan talentosa y generosa como ella. Rick Kot, mi extraordinario editor en Viking, también creyó en este proyecto desde el principio, y me permitió lanzarme a la aventura sin retenes. Una de las mejores partes de escribir este libro ha sido trabajar con Rick, una de las personas más inteligentes, talentosas y bondadosas que he conocido. (Y no es una opinión interesada, ya no le debo ningún favor porque me ha devuelto las últimas correcciones). Gracias a Craig Pyette, mi intrépido y talentoso editor de Random House Canada, que tan amablemente me ha facilitado correcciones y notas de edición para suavizar la lectura del libro. Gracias, también, a Diego Núñez, Connor Eck y Norma Barksdale porque me han ofrecido un inestimable apoyo durante todo el proceso de publicación.

Gracias también a Hilary Duff y Victoria Klassen, que me ayudaron en la investigación y la edición del libro. Tiendo a alargar la sintaxis de mi escritura, y Hilary recortó literalmente miles de palabras innecesarias. Te ahorró un par de horas de tu vida, así que también deberías estarle agradecido. Victoria fue, de nuevo, una extraordinaria ayuda, no solo para la revisión, sino también para la organización del apartado de las Notas; un trabajo que nunca me gustaría ver de cerca. Gracias, Victoria.

Aparte de todos los colaboradores que participaron directamente en la elaboración del libro, también me gustaría dar las gracias a otros que también han formado parte del proyecto. Gracias a Hal Fessenden y Jennifer Choi por ayudarnos a encontrar los mejores editores fuera de Estados Unidos y Canadá, incluyendo a Robin Harvie de Macmillan, en el Reino Unido. Y a Carolyn Coleburn, Ben Petrone, Lydia Hirt, Nora Alice Demick y Alex McGill por echarnos una mano con la difusión de este proyecto por Estados Unidos y Canadá. Asimismo, gracias también a Luise Jorgensen, con quien he tenido el placer de trabajar durante cuatro años. Sinceramente, no sé lo que habría hecho sin ti, Luise. (No exagero).

Gracias a mis lectores, algunos de los cuales han seguido mi trabajo desde hace varios años. Espero que hayas encontrado este libro digno de tu tiempo y que te reporte dividendos durante muchos años.

Y, finalmente, gracias a Ardyn. Ardyn es mi primera lectora, y espero que así sea durante mucho tiempo. Creo en ella más que en nadie, no solo para probar la fortaleza de mis ideas, sino para levantarlas en primer lugar. Pero por encima de cualquier ayuda que me haya podido prestar, Ardyn es el amor de mi vida. Además, se convirtió en mi prometida durante el transcurso de esta aventura. Ardyn, desde mi punto de vista, eres única. Gracias por enseñarme lo que significa ser amado.

NOTAS

CAPÍTULO 0: ¿POR QUÉ ES TAN IMPORTANTE ENFOCAR LA ATENCIÓN?

1 **lo interesados que estamos en lo que leemos:** Shi Feng, Sidney D'Mello y Arthur C. Graesser, «Mind Wandering While Reading Easy and Difficult Texts», *Psychonomic Bulletin & Review* 20, no. 3 (2013): 586-92.

2 **Los estudios demuestran:** *Gloria Mark et al., «Neurotics Can't Focus: An in situ Study of Online Multitasking in the Workplace», en Proceedings of the 2016 CHI Conference on Human Factors in Computing Systems (Nueva York: ACM, 2016), 1739-44, doi:l0.1145/2858036.2858202.*

CAPÍTULO 0.5: CÓMO SACAR PROVECHO DE ESTE LIBRO

1 **un café o un té:** David Mrazik, «Reconsidering Caffeine: An Awake and Alert New Look at America's Most Commonly Consumed Drug» (trabajo de tercer año, Harvard University, 2004), DASH: Digital Access to Scholarship at Harvard.

CAPÍTULO 1: APAGAR EL PILOTO AUTOMÁTICO

1 **no necesitan estar premeditados:** Wendy Wood, Jeffrey Quinn y Deborah Kashy, «Habits in Everyday Life: Thought, Emotion, and Action», *Journal of Personality and Social Psychology* 83, no. 6 (2002): 1281-97.

2 **antes de que ocurran:** *Erik D. Reichle, Andrew E. Reineberg y Jonathan W. Schooler, «Eye Movements During Mindless Reading», Psychological Science 21, no. 9 (2010): 1300-1310.*

CAPÍTULO 2: LOS LÍMITES DE TU ATENCIÓN

1 **información por segundo:** Timothy Wilson, *Strangers to Ourselves: Discovering the Adaptive Unconscious* (Cambridge, MA: Belknap Press, 2004).

2 **de nuestra atención:** TED, *«Mihaly Csikszentmihalyi: Flow, the Secret to Happiness», You Tube, 24 de octubre de 2008, www.youtube.com/watch?v=fXleFJCqsPs.*

3 **el promedio es de cuatro:** *Nelson Cowan, «The Magical Mystery Four: How Is Working Memory Capacity Limited, and Why?», Current Directions in Psychological Science 19, no. 1 (2010): 51-57; Edward K. Vogel y Steven J. Luck, «The Capacity of Visual Working Memory for Features and Conjunctions», Nature 390, no. 6657 (1997): 279-81; Nelson Cowan, «The Magical Number 4 in Short-term Memory: A Reconsideration of Mental Storage Capacity», Behavioral and Brain Sciences 24, no. 1 (2001): 87-114.*

4 **nuestras experiencias conscientes:** *Giorgio Marchetti, «Attention and Working Memory: Two Basic Mechanisms for Constructing Temporal Experiences», Frontiers in Psychology 5 (2014): 880.*

5 **cuando la necesitemos:** *Klaus Oberauer, «Design for a Working Memory», Psychology of Learning and Motivation 51 (2009): 45-100.*

6 **posibilidades de supervivencia:** *Ferris Jabr, «Does Thinking Really Hard Burn More Calories?», Scientific American, julio de 2012; Cowan, «Magical Mystery Four».*

7 **nuestra memoria a corto plazo:** *Marchetti, «Attention and Working Memory».*

8 **de un vídeo:** *Ibid.*

9 **se ocupa de todo:** *Shi Feng, Sidney D 'Mello y Arthur C. Graesser, «Mind Wandering While Reading Easy and Difficult Texts», Psychonomic Bulletin & Review 20, no. 3 (2013): 586-92.*

10 **un 47 por ciento de nuestro tiempo:** *Jonathan Smallwood y Jonathan W. Schooler, «The Science of Mind Wandering: Empirically Navigating the Stream of Consciousness», Annual Review of Psychology 66, no. 1 (2015):*

487-518; Matthew A. Killingsworth y Daniel T. Gilbert, «A Wandering Mind Is an Unhappy Mind», Science 330, no. 6006 (2010): 932.

11 **las divagaciones de su mente:** Jonathan Small wood, Merrill McSpadde y Jonathan W. Schooler, «When Attention Matters: The Curious Incident of the Wandering Mind», Memory & Cognition 36, no. 6 (2008): 1144-50.

12 **nuestra mente está pensando:** Jennifer C. McVay, Michael J. Kane y Thomas R. Kwapil, «Tracking the Train of Thought from the Laboratory into Everyday Life: An Experience-Sampling Study of Mind Wandering Across Controlled and Ecological Contexts», Psychonomic Bulletin & Review 16, no. 5 (2009): 857-63.

13 **apenas diez segundos:** Adam D. Baddeley, Essentials of Human Memory (Hove, R.U.: Psychology Press, 1999).

14 **los mismos recursos:** Daniel J. Levitin, «Why the Modern World Is Bad for Your Brain», Guardian, 18 de enero de 2015.

15 **preferencia hacia las novedades:** Robert Knight y Marcia Grabowecky, «Prefrontal Cortex, Time, and Consciousness», Knight Lab, Cognitive Neuroscience Research Lab, 2000.

16 **la atención suficiente:** Marchetti, «Attention and Working Memory».

17 **todos sus matices:** Eyal Ophir et al., «Cognitive Control in Media Multitaskers», Proceedings of the National Academy of Sciences of the United States of America 106, no. 37 (2009): 15583-87.

18 **especialista en interrupciones:** Gloria Mark et al., «Neurotics Can't Focus: An in situ Study of Online Multitasking in the Workplace», en Proceedings of the 2016 CHI Conference on Human Factors in Computing Systems (Nueva York: ACM, 2016), 1739-44, doi:IO. II45/2858036.2858202.

19 **antes de distraerse:** Gloria Mark, Yiran Wang y Melissa Niiya, «Stress and Multitasking in Everyday College Life: An Empirical Study of Online Activity», en Proceedings of the SIGCHI Conference on Human Factors in Computing Systems (Nueva York: ACM 2014), 41-50, doi:IO. ll45/2556288.2557361.

20 **cambiado de tarea:** Sophie Leroy, «Why Is It So Hard to Do My Work? The Challenge of Attention Residue When Switching Between Work Tasks», Organizational Behavior and Human Decision Processes 109, no. 2 (2009): 168-81.

21 **para completarlo:** Ibid.

22 en finalizarlas: *Mark et al., «Neurotics Can't Focus».*

23 antes de enfocarse: *Killingsworth y Gilbert, «A Wandering Mind Is an Unhappy Mind».*

CAPÍTULO 3: EL PODER DEL HIPERENFOQUE

1 cometen más errores: Gordon D. Logan y Matthew J. C. Crump, «The Left Hand Doesn't Know What the Right Hand Is Doing: The Disruptive Effects of Attention to the Hands in Skilled Typewriting», *Psychological Science* 20, no. 10 (2009): 1296-300; Sian L. Beilock et al., «When Paying Attention Becomes Counterproductive: Impact of Divided Versus Skill-Focused Attention on Novice and Experienced Performance of Sensorimotor Skills», *Journal of Experimental Psychology: Applied* 8, no. 1 (2002): 6-16.

2 el hiperenfoque: *Shi Feng, Sidney D'Mello y Arthur C. Graesser, «Mind Wandering While Reading Easy and Difficult Texts», Psychonomic Bulletin & Review 20, no. 3 (2013): 586-92.*

3 nuestra mente está divagando: *Jonathan W. Schooler et al., «Meta-awareness, Perceptual Decoupling and the Wandering Mind», Trends in Cognitive Sciences 15, no. 7 (2011): 319-26.*

4 de nuestra atención: *Wendy Hasenkamp et al., «Mind Wandering and Attention During Focused Meditation: A Fine-Grained Temporal Analysis of Fluctuating Cognitive States», Neuroimage 59, no. 1 (2012): 750-60.*

5 47 % del día: *Matthew A. Killingsworth y Daniel T. Gilbert, «A Wandering Mind Is an Unhappy Mind», Science 330, no. 6006 (2010): 932.*

6 la tarea original: *Gloria Mark, Victor Gonzalez y Justin Harris, «No Task Left Behind? Examining the Nature of Fragmented Work», en Proceedings of the SIGCHI Conference on Human Factors in Computing Systems (Nueva York: ACM, 2005), 321-30, doi:10.1145/1054972.1055017.*

7 no está enfocada: *Claire M. Zedelius et al., «Motivating Meta-awareness of Mind Wandering: A Way to Catch the Mind in Flight?», Consciousness and Cognition 36 (2015): 44-53.*

8 posibilidades de realizarla: *Peter M. Gollwitzer y Veronika Brandstätter, «Implementation Intentions and Effective Goal Pursuit», Journal of Personality and Social Psychology 73, no. 1 (1997): 186-99; Peter M. Gollwitzer, «Implementation Intentions: Strong Effects of Simple Plans», American Psychologist 54, no. 7 (1999): 493-503.*

9 **probabilidades de** *éxito:* Gollwitzer y Brandstätter, *«Implementation Intentions and Effective Goal Pursuit», Gollwitzer, «Implementation Intentions: Strong Effects of Simple Plans».*

10 **nuestro objetivo principal:** *Gollwitzer y Brandstätter, «Implementation Intentions and Effective Goal Pursuit».*

11 **algo sencillo:** *Gollwitzer, «Implementation Intentions».*

12 **tarea con sentido:** *Allan Blunt, «Task Aversiveness and Procrastination: A Multi-dimensional Approach to Task Aversiveness Across Stages of Personal Projects», (trabajo de fin de máster, Departamento de Psicología, Carleton University, 1998).*

CAPÍTULO 4: CONTROLAR LAS DISTRACCIONES

1 **treinta y cinco segundos:** Gloria Mark et al., *«Neurotics Can't Focus: An in situ Study of Online Multitasking in the Workplace»,* en *Proceedings of the 2016 CHI Conference on Human Factors in Computing Systems* (Nueva York: ACM, 2016), 1739-44, doi:l0.1145/2858036.2858202.

2 **38 veces al día:** *Gloria Mark et al., «Focused, Aroused, but So Distractible: Temporal Perspectives on Multitasking and Communications»,* en *Proceedings of the 18th ACM Conference on Computer Supported Cooperative Work & Social Computing (Nueva York: ACM, 2015), 903-916, doi:10.1145/2675133.2675221.*

3 **de lo que producimos:** *Gloria Mark, Daniela Gudith y Ulrich Klocke, «The Cost of Interrupted Work: More Speed and Stress»,* en *Proceedings of the SIGCHI Conference on Human Factors in Computing Systems (Nueva York: ACM 2008), 107-110, doi:10.1145/1357054.1357072.*

4 **de forma simultánea:** *Victor Gonzalez y Gloria Mark, «Constant, Constant, Multi-tasking Craziness: Managing Multiple Working Spheres»,* en *Proceedings of the SIGCHI Conference on Human Factors in Computing Systems (Nueva York: ACM, 2004), 599-606, doi:10.1145/985692.985707.*

5 **otras actividades:** *Gloria Mark, Victor Gonzalez y Justin Harris, «No Task Left Behind? Examining the Nature of Fragmented Work»,* en *Proceedings of the SIGCHI Conference on Human Factors in Computing Systems (Nueva York: ACM, 2005), 321-30, doi:10.1145/l054972.1055017.*

6 **el trabajo se prolonga:** *Fiona McNab et al., «Age-Related Changes in Working Memory and the Ability to Ignore Distraction»,* en *Proceedings of the National Academy of Sciences 112, no. 20 (2015): 6515-18.*

7 **a las distracciones:** *Leonard M. Giambra, «Task-Unrelated-Thought Frequency as a Function of Age: A Laboratory Study», Psychology and Aging 4, no. 2 (1989): 136-43.*

8 **en el lugar de trabajo:** *IORG Forum, «Rhythms of Attention, Focus and Mood with Digital Activity – Dr. Gloria Mark», YouTube, 6 de julio de 2014, https:/1www.yourube.com/warch?v=ONUlFhxcVWc.*

9 **un 17 %:** *Rani Molla, «How Apple's iPhone Changed the World: 10 Years in 10 Charts», Recode, junio de 2017.*

10 **tu principal distracción:** *Mark et al., «Focused, Aroused, but So Distractible».*

11 **seis minutos más rápido:** *Mark, Gonzalez y Harris, «No Task Left Behind?»; Ioanna Katidioti et al., «Interrupt Me: External Interruptions Are Less Disruptive Than Self-Interruptions», Computers in Human Behavior 63, (2016): 906-15.*

12 **80 el trabajo más rápidamente:** *Mark, Gudith y Klocke, «Cost of Interrupted Work».*

13 **provienen del exterior:** *Mark, Gonzalez y Harris, «No Task Left Behind?»; Gonzalez and Mark, «Constant, Constant, Multi-tasking Craziness».*

14 **en metabolizarse:** *David Mrazik, «Reconsidering Caffeine: An Awake and Alert New Look at America's Most Commonly Consumed Drug» (trabajo de tercer año, Harvard University, 2004), DASH: Digital Access to Scholarship at Harvard.*

15 **periodos de tiempo más largos:** *Jennifer A. A. Lavoie y Timothy A. Pychyl, «Cyberslacking and the Procrastination Superhighway: A Web-Based Survey of Online Procrastination, Attitudes, and Emotion», Social Science Computer Review 19, no. 4 (2001): 431-44.*

16 **cuando tengas menos energía:** *Gloria Mark, Shamsi Iqbal y Mary Czerwinski, «How Blocking Distractions Affects Workplace Focus and Productivity», en Proceedings of the 2017 ACM International Joint Conference on Pervasive and Ubiquitous Computing y Proceedings of the 2017 ACM International Symposium on Wearable Computers (Nueva York: ACM Press, 2017), 928-34, doi:I0.1145/3 123024.3124558.*

17 **cuando bloquean las distracciones:** *Mark, Iqbal y Czerwinski, «How Blocking Distractions Affects Workplace Focus».*

18 **la procrastinación** *John C. Loehlin y Nicholas G. Martin, «The Generic Correlation Between Procrastination and Impulsivity», Tivin Research and Human Genetics: The Official Journal of the International Society for Twin Studies 17, no. 6 (2014): 512-15.*

19 compañero de trabajo: *John Trougakos y Ivona Hideg, «Momentary Work Recovery: The Role of Within-Day Work Breaks», en Current Perspectives on Job-Stress Recovery, vol. 7, Research in Occupational Stress and Well-Being, ed. Sabine Sonnentag, Pamela L. Perrewé y Daniel C. Ganster (West Yorkshire, R.U.: Emerald Group, 2009).*

20 llevar a cabo multitareas: *Gloria Mark, Yiran Wang y Melissa Niiya, «Stress and Multitasking in Everyday College Life: An Empirical Study of Online Activity», en Proceedings of the SIGCHI Conference on Human Factors in Computing Systems (Nueva York: ACM, 2014), 41-50, doi:10.1145/2556288.2557361.*

21 atención con el correo electrónico: *Ashish Gupta, Ramesh Sharda y Robert A. Greve, «You've Got Email! Does It Really Matter to Process Emails Now or Later?» Information Systems Frontiers 13, no. 5 (2011): 637.*

22 a lo largo del día: *Gloria Mark et al., «Focused, Aroused, but So Distractible: Temporal Perspectives on Multitasking and Communications», en Proceedings of the 18th ACM Conference on Computer Supported Cooperative Work & Social Computing (Nueva York: ACM, 2015), 903-16, doi:10.1145/2675133.2675221.*

23 con menos distracciones: *Thomas Jackson, Ray Dawson y Darren Wilson, «Reducing the Effect of Email Interruptions on Employees», International Journal of Information Management 23, no. 1 (2003): 55-65.*

24 cuarenta segundos enfocados: *Gupta, Sharda y Greve, «You've Got Email!».*

25 relajante y refrescante: *Gloria Mark, Stephen Voida y Armand Cardello, «A Pace Not Dictated by Electrons: An Empirical Study of Work Without Email», en Proceedings of the SIGCHI Conference on Human Factors in Computing Systems (Nueva York: ACM, 2012), 555-64, doi:10.1145/2207676.2207754.*

26 tres horas reunido: *Infocom, «Meetings in America: A Study of Trends, Costs, and Attitudes Toward Business Travel and Teleconferencing, and Their Impact on Productivity» (documento técnico de Verizon).*

27 una oficina moderna: *Chris Bailey, «The Five Habits of Happier, More Productive Workplaces» (documento técnico de Zipcar, 19 de octubre de 2016).*

28 compendio de información: *Shalini Misra et al., «The iPhone Effect: The Quality of In-Person Social Interactions in the Presence of Mobile Devices», Environment and Behavior 48, no. 2 (2016): 275-98.*

29 con las demás personas: *Andrew K. Przybylski y Netta Weinstein, «Can You Connect with Me Now? How the Presence of Mobile Communication Technology Influences Face-to-Face Conversation Quality», Journal of Social and Personal Relationships 30, no. 3 (2013): 237-46.*

30 para la creatividad: *Kathleen D. Vohs, Joseph P. Redden y Ryan Rahinel, «Physical Order Produces Healthy Choices, Generosity, and Conventionality, Whereas Disorder Produces Creativity», Psychological Science 24, no. 9 (2013): 1860-67.*

31 una caminata: *Michael J. Larson, et al., «Cognitive and Typing Outcomes Measured Simultaneously with Slow Treadmill Walking or Sitting: Implications for Treadmill Desks», PloS One 10, no. 4 (2015): 1-13.*

32 impulsos naturales: *Shawn Achor, The Happiness Advantage: The Seven Principles of Positive Psychology That Fuel Success and Performance at Work (Nueva York: Currency, 2010).*

33 en los cubículos: *Florence Williams, «This Is Your Brain on Nature», National Geographic, enero de 2016.*

34 grados centígrados: *Greg Peverill-Conti, «Captivate Office Pulse Finds Summer Hours Are Bad for Business», InkHouse for Captivate, junio de 2012.*

35 relativamente simple: *Morgan K. Ward, Joseph K. Goodman y Julie R. Irwin, «The Same Old Song: The Power of Familiarity in Music Choice», Marketing Letters 25, no. 1 (2014): 1-11; Agnes Si-Qi Chew et al., «The Effects of Familiarity and Language of Background Music on Working Memory and Language Tasks in Singapore», Psychology of Music 44, no. 6 (2016): 143 1-38.*

36 tu espacio de atención: *Lauren L. Emberson et a l., «Overheard Cellphone Conversations: When Less Speech Is More Distracting», Psychological Science 21, no. 10 (2010): 1383-88.*

37 un notable: *Faria Sana, Tina Weston y Nicholas J. Cepeda, «Laptop Multitasking Hinders Classroom Learning for Both Users and Nearby Peers», Computers & Education 62, (2013): 24-31.*

38 interesados en la materia: *Evan F. Risko et al., «Everyday Attention: Mind Wandering and Computer Use During Lectures», Computer & Education 68, (2013): 275-83.*

39 la gente extravertida: *Adrian Furnham y Anna Bradley, «Music While You Work: The Differential Distraction of Background Music on the Cognitive Test Performance of Introverts and Extraverts», Applied Cognitive Psychology 11, no. 5 (1997): 445-55.*

40 **59 por ciento extra:** *Laura L. Bowman et al.*, *«Can Students Really Multitask? An Experimental Study of Instant Messaging While Reading»*, *Computers & Education 54, no. 4 (2010): 927-31.*

CAPÍTULO 5: CONVERTIR EL HIPERENFOQUE EN UN HÁBITO

1 **se dispone a enfocarse:** Jennifer C. McVay, Michael J. Kane y Thomas R. Kwapil, «Tracking the Train of Thought from the Laboratory into Everyday Life: An Experience Sampling Study of Mind Wandering Across Controlled and Ecological Contexts», *Psychonomic Bulletin & Review* 16, no. 5 (2009): 857-63; Paul Seli et al., «Mind Wandering With and Without Intention», *Trends in Cognitive Sciences* 20, no. 8 (2016): 605-617; Benjamin Baird et al., «Inspired by Distraction: Mind Wandering Facilitates Creative Incubation», *Psychological Science* 23, no. 10 (2012): 1117-22.

2 **que se presenten:** *Gloria Mark, Yiran Wang y Melissa Niiya, «Stress and Multitasking in Everyday College Life: An Empirical Study of Online Activity», en Proceedings of the SIGCHI Conference on Human Factors in Computing Systems (Nueva York: ACM, 2014), 41-50, doi:10.11 45/2556288. 2557361.*

3 **mucho más divertido:** *Gloria Mark et al., «Bored Mondays and Focused Afternoons: The Rhythm of Attention and Online Activity in the Workplace», en Proceedings of the SIGCHI Conference on Human Factors in Computing Systems (Nueva York: ACM, 2014), 3025-34, doi:10.1145/2556288.2557204.*

4 **mientras trabajas:** *Jennifer C. McVay y Michael J. Kane, «Conducting the Train of Thought: Working Memory Capacity, Goal Neglect, and Mind Wandering in an Executive-Control Task», Journal of Experimental Psychology: Learning, Memory, and Cognition 35, no. 1 (2009): 196-204.*

5 **actividades del futuro:** *Benjamin Baird, Jonathan Smallwood y Jonathan W. Schooler, «Back to the Future: Autobiographical Planning and the Functionality of Mind-Wandering», Consciousness and Cognition 20, no. 4 (2011): 1604.*

6 **más rápidamente:** *Ibid.*

7 **del 85 por ciento:** *Klaus Oberauer et al., «Working Memory and Intelligence: Their Correlation and Their Relation: Comment on Ackerman, Beier, and Boyle (2005)», Psychological Bulletin 131, no. 1 (2005): 61-65.*

8 **del rendimiento laboral:** *Roberto Colom et al., «Intelligence, Working Memory, and Multitasking Performance», Intelligence 38, no. 6 (2010): 543-51.*

9 **específicamente diseñados!:** *Adam Hampshire et al., «Putting Brain Training to the Test», Nature 465, no. 7299 (2010): 775-78.*

10 **una media del 16%:** *Michael D. Mrazek et al., «Mindfulness Training Improves Working Memory Capacity and GRE Performance While Reducing Mind Wandering», Psychological Science 24, no. 5 (2013): 776-81.*

11 **periodos de estrés»:** *Ibid.*

12 **de una mente dispersa:** *Jonathan Smallwood y Jonathan W. Schooler, «The Science of Mind Wandering: Empirically Navigating the Stream of Consciousness», Annual Review of Psychology 66, no. 1 (2015): 487-518.*

13 **Al cabo de unas semanas:** *Dianna Quach et al., «A Randomized Controlled Trial Examining the Effect of Mindfulness Meditation on Working Memory Capacity in Adolescents», Journal of Adolescent Health 58, no. 5 (2016): 489-96.*

14 **mejores resultados obtienes:** *E. I. de Bruin, J. E. van der Zwan y S. M. Bogels, «ARCT Comparing Daily Mindfulness Meditations, Biofeedback Exercises, and Daily Physical Exercise on Attention Control, Executive Functioning, Mindful Awareness, Self-Compassion, and Worrying in Stressed Young Adults», Mindfulness 7, no. 5 (2016): 1182-92.*

15 **encontrar la diferencia:** *David W. Augsburger, Caring Enough to Hear and Be Heard. (Ventura, CA: Regal Books, 1982).*

CAPÍTULO 6: EL MODO CREATIVO OCULTO EN TU CEREBRO

1 **de forma deliberada:** J. R. Binder et al., «Conceptual Processing During the Conscious Resting State: A Functional M RI Study», *Journal of Cognitive Neuroscience* 11, no. 1 (1999): 80-93.

2 **previas a la encuesta:** *Paul Seli, Evan F. Risko y Daniel Smilek, «On the Necessity of Distinguishing Between Unintentional and Intentional Mind Wandering», Psychological Science 27, no. 5 (2016): 685-91.*

3 **ninguna descarga más:** *University of Virginia, «Doing Something Is Better Than Doing Nothing for Most People, Study Shows», EurekAlert!, julio de 2014.*

4 **placentero o amenazador:** *Amit Sood y David T. Jones, «On Mind Wandering, Attention, Brain Networks, and Meditation», Explore 9, no. 3 (2013): 136-41.*

5 divagar en el pasado: *Benjamin Baird, Jonathan Smallwood y Jonathan W. Schooler, «Back to the Future: Autobiographical Planning and the Functionality of Mind-Wandering», Consciousness and Cognition 20, no. 4 (2011).*

6 y el futuro: *Benjamin Baird, Jonathan Smallwood y Jonathan W. Schooler, «Back to the Future», Jonathan W. Schooler et al., «Meta-awareness, Perceptual Decoupling and the Wandering Mind», Trends in Cognitive Sciences 15, no. 7 (2011): 319-26.*

7 robo de alimentos: *Sergio P. C. Correia, Anthony Dickinson y Nicola S. Clayton, «Western Scrub-jays Anticipate Future Needs Independently of Their Current Motivational State», Current Biology 17, no. 10 (2007): 856-61.*

8 rudimentarias y limitadas: *Dan Pink, When: The Scientific Secrets of Perfect Timing (Nueva York: Rivethead Books, 2018).*

9 Alzheimer y la demencia: *Zoran Josipovic et al., «Influence of Meditation on Anti-Correlated Networks in the Brain», Frontiers in Human Neuroscience 183, no. 5 (2012).*

10 cociente intelectual medio: *Mary Helen Immordino-Yang, Joanna A. Christodoulou y Vanessa Singh, «Rest Is Not Idleness: Implications of the Brain's Default Mode for Human Development and Education», Perspectives on Psychological Science 7, no. 4 (2012): 352-64.*

11 al mismo tiempo: *Jonathan Smallwood, entrevista con el autor, 28 de noviembre de 2017.*

12 se dedica a la planificación: *Jessica R. Andrews-Hanna, «The Brain's Default Network and Its Adaptive Role in Internal Mentation», The Neuroscientist: A Review Journal Bridging Neurobiology, Neurology and Psychiatry 18, no. 3 (2012): 251; Baird, Smallwood y Schooler, «Back to the Future».*

13 inteligente e intencionada: *Jonathan Smallwood, Florence J. M. Ruby y Tania Singer, «Letting Go of the Present: Mind-Wandering Is Associated with Reduced Delay Discounting», Consciousness and Cognition 22, no. 1 (2013): 1-7.*

14 distracciones estimulantes: *entrevista con Smallwood.*

15 para llegar a él: *Gabriele Oettingen y Bettina Schwörer, «Mind Wandering via Mental Contrasting as a Tool for Behavior Change», Frontiers in Psychology 4 (2013): 562.*

16 invertimos un 26 %: *Baird, Smallwood y Schooler, «Back to the Future».*

17 Ser más compasivo: *Rebecca L. McMillan, Scott Barry Kaufman y Jerome L. Singer, «Ode to Positive Constructive Daydreaming», Frontiers in Psychology 4 (2013): 626.*

18 piensas con más amplitud: *Jonathan Smallwood et al., «Shifting Moods, Wandering Minds: Negative Moods Lead the Mind to Wander», Emotion 9, no. 2 (2009): 271-76.*

19 recuerdos negativos del pasado: *Baird, Smallwood y Schooler, «Back to the Future».*

20 se vuelve más poderoso: *Jonathan Schooler, entrevista con el autor, 28 de noviembre de 2017; Jonathan Smallwood, Louise Nind y Rory C. O'Connor, «When Is Your Head At? An Exploration of the Factors Associated with the Temporal Focus of the Wandering Mind», Consciousness and Cognition 18, no. 1 (2009): 118-25.*

21 exigentes o agotadoras: *Benjamin W. Mooneyham and Jonathan W. Schooler, «The Costs and Benefits of Mind-Wandering: A Review», Canadian Journal of Experimental Psychology / Revue canadienne de psychologie experimentale 67, no. 1 (2013): 11-18; Benjamin Baird et al., «Inspired by Distraction: Mind Wandering Facilitates Creative Incubation», Psychological Science 23, no. 10 (2012): 1117-22.*

22 disponible para ello: *Paul Seli et al., «Intrusive Thoughts: Linking Spontaneous Mind Wandering and OCD Symptomatology», Psychological Research 81, no. 2 (2017): 392-98.*

23 adecuadamente el futuro: *Giorgio Marchetti, «Attention and Working Memory: Two Basic Mechanisms for Constructing Temporal Experiences», Frontiers in Psychology 5 (2014): 880.*

24 posibles eventos futuros: *Daniel L. Schacter, Randy L. Buckner y Donna Rose Addis, «Remembering the Past to Imagine the Future: The Prospective Brain», Nature Reviews Neuroscience 8, no. 9 (2007): 657-61.*

25 5.4 veces cada hora: *Schooler et al., «Meta-awareness, Perceptual Decoupling and the Wandering Mind».*

26 el estado en el que se encuentra: *Ibid.*

CAPÍTULO 7: RECUPERAR LA ATENCIÓN

1 un 58 %: Kenichi Kuriyama et al., «Sleep Accelerates the Improvement in Working Memory Performance», *Journal of Neuroscience* 28, no. 40 (2008): 10145-50.

2 **disfrutar de verdad:** *Jennifer C. McVay, Michael J. Kane y Thomas R. Kwapil, «Tracking the Train of Thought from the Laboratory into Everyday Life: An Experience-Sampling Study of Mind Wandering Across Controlled and Ecological Contexts», Psychonomic Bulletin & Review 16, no. 5 (2009): 857-63; Paul Seli et al., «Increasing Participant Motivation Reduces Rates of Intentional and Unintentional Mind Wandering», Psychological Research (2017), doi:10.1007/s00426-017-0914-2.*

3 **tres características:** *John Trougakos y Ivona Hideg, «Momentary Work Recovery: The Role of Within-Day Work Breaks», en Current Perspectives on Job Stress Recovery, vol. 7, Research in Occupational Stress and Wellbeing, ed. Sabine Sonnentag, Pamela L. Perrewe y Daniel C. Ganster (West Yorkshire, R.U.: Emerald Group, 2009).*

4 **reanudar el trabajo:** *Ibid.*

5 **20 000 dólares:** *Florence Williams, «This Is Your Brain on Nature», National Geographic, enero de 2016.*

6 **grupos grandes:** *Sophia Dembling, «Introversion and the Energy Equation», Psychology Today, noviembre de 2009.*

7 **a lo largo del día:** *Rhymer Rigby, «Open Plan Offices Are Tough on Introverts», Financial Times, octubre de 2015.*

8 **la dispersión de tu mente:** *Peretz Lavie, Jacob Zomer y Daniel Gopher, «Ultradian Rhythms in Prolonged Human Performance» (ARI Research Note 95-30, U.S. Army Research Institute for the Behavioral and Social Sciences, 1995).*

9 **cincuenta y dos minutos seguidos:** *Julia Gifford, «The Rule of 52 and 17: It's Random, but It Ups Your Productivity», The Muse, sin fecha.*

10 **el doble de esfuerzo:** *Kuriyama et al., «Sleep Accelerates the Improvement in Working Memory Performance».*

11 **nuestro espacio de atención:** *James Hamblin, «How to Sleep», Atlantic, enero de 2017.*

12 **de lo que realmente es:** *Bronwyn Fryer, «Sleep Deficit: The Performance Killer», Harvard Business Issue, octubre de 2006; Paula Alhola y Paivi Polo-Kantola, «Sleep Deprivation: Impact on Cognitive Performance», Neuropsychiatric Disease and Treatment 3, no. 5 (2007): 553.*

13 **más ligeras del sueño:** *G. William Domhoff y Kieran C. R. Fox, «Dreaming and the Default Network: A Review, Synthesis, and Counterintuitive Research Proposal», Consciousness and Cognition 33 (2015): 342-53.*

14 exagerado de desenfocar la atención: *Ibid.*

15 a lo largo del día: *Gloria Mark et al.*, «*Sleep Debt in Student Life: Online Attention Focus, Facebook, and Mood*», *en Proceedings of the Thirty-fourth Annual SIGCHI Conference on Human Factors in Computing Systems (Nueva York: ACM, 2016), 5517-28, doi:10.1145/2858036.2858437.*

16 cualquier otra generación: *Gloria Mark, Yran Wang y Melissa Niiya, «Stress and Multitasking in Everyday College Life: An Empirical Study of Online Activity», en Proceedings of the SIGCHI Conference on Human Factors in Computing Systems (Nueva York: ACM, 2014), 41-50, doi:10.1145/2556288.2557361.*

17 también desaparecen: *Trougakos y Hideg, «Momentary Work Recovery».*

CAPÍTULO 8: CONECTAR PUNTOS

1 cuando sea necesario: J. G. Hischer et al., «Distributed Neural System for General Intelligence Revealed by Lesion Mapping», *Proceedings of the National Academy of Sciences of the United States of America* 107, no. 10 (2010): 4705-9.

2 de la neurociencia: *Randy L. Buckner, «The Serendipitous Discovery of the Brain's Default Network», Neuroimage 62, no. 2 (2012): 1137.*

3 Bluma Zeigarnik: *E. J. Masicampo y Roy F. Baumeister, «Unfulfilled Goals Interfere with Tasks That Require Executive Functions», Journal of Experimental Social Psychology 47, no. 2 (2011): 300-311.*

4 alguna solución novedosa: *Jonathan Smallwood y Jonathan W. Schooler, «The Restless Mind», Psychological Bulletin 132, no. 6 (2006): 946-58.*

5 de lo habitual: *Ibid.*

6 lo visitaba: *Jonah Lehrer, «The Eureka Hunt», New Yorker, julio de 2008.*

7 en ese preciso momento: *S. Dalí, The Secret Life of Salvador Dalí (Londres: Vision Press, 1976); David Harrison, «Arousal Syndromes: First Functional Unit Revisited», en Brain Asymmetry and Neural Systems (Cham, Suiza: Springer, 2015).*

8 que les ocupaba: *Denise J. Cai et al., «REM, Not Incubation, Improves Creativity by Priming Associative Networks», Proceedings of the National Academy of Sciences of the United States of America 106, no. 25 (2009): 10130-34.*

9 son irrelevantes: *Carl Zimmer, «The Purpose of Sleep? To Forget, Scientists Say», New York Times, febrero de 2017.*

10 **de forma intencionada:** *Marci S. DeCaro et al., «When Higher Working Memory Capacity Hinders Insight», Journal of Experimental Psychology: Learning, Memory, and Cognition 42, no. 1 (2016): 39-49.*

11 **a mitad de una oración:** *Colleen Seifert et al., «Demystification of Cognitive Insight: Opportunistic Assimilation and the Prepared-Mind Hypothesis», en The Nature of Insight, ed. R. Sternberg y J. Davidson (Cambridge, MA: MIT Press, 1994).*

CAPÍTULO 9: RECOPILAR PUNTOS

1 **de forma más eficiente:** Nelson Cowan, «What Are the Differences Between Long-term, Short-term, and Working Memory?», *Progress in Brain Research* 169 (2008): 323-38.

2 **en ese momento:** *Annette Bolte y Thomas Goschke, «Intuition in the Context of Object Perception: Intuitive Gestalt Judgments Rest on the Unconscious Activation of Semantic Representations», Cognition 108, no. 3 (2008): 608-16.*

3 **para tu organismo:** *Elizabeth Kolbert, «Why Facts Don't Change Our Minds», New Yorker, febrero de 2017.*

4 **propósitos más provechosos:** *«The Cross-Platform Report: A New Connected Community», Nielsen, noviembre de 2012.*

5 **Arthur C. Clarke:** *«Hazards of Prophecy: The Failure of Imagination», en Profiles of the Future: An Enquiry into the Limits of the Possible (Nueva York: Harper & Row, 1962, rev. 1973), 14, 21, 36.*

6 **Malcolm Gladwell:** *Malcolm Gladwell, Outliers: The Story of Success, (Nueva York: Little, Brown and Co., 2008).*

7 **había logrado antes:** *Waiter Isaacson, Einstein: His Life and Universe (Nueva York: Simon & Schuster, 2008), 352.*

8 **extremadamente curioso:** *Isaacson, Einstein, 548.*

9 **teoría de la relatividad:** *Ibid.*

10 **en la cárcel:** *Ibid., 307.*

11 **le llegaba la letra:** *Nick Mojica, «Lin-Manuel Miranda Freestyles Off the Dome During 5 Fingers of Death», XXL Mag, octubre de 2017.*

12 **los 8 años:** *Daniel Levitin, This Is Your Brain on Music: The Science of a Human Obsession (Nueva York: Dunon, 2008).*

13 **desenfocar la atención:** *John Kounios, The Eureka Factor: Aha Moments, Creative Insight, and the Brain (Nueva York: Random House, 2015), 208.*

CAPÍTULO 10: COMBINAR LOS ENFOQUES

1 **En un estudio:** Gabriele Oerringen y Berrina Schworer, «Mind Wandering via Mental Contrasting as a Tool for Behavior Change», *Frontiers in Psychology* 4 (2013): 562; Gabriele Oerringen, «Future Thought and Behaviour Change», *European Review of Social Psychology* 23, no. 1 (2012): 1-63.

2 **aumentar tu felicidad:** *Matthew A. Killingsworth y Daniel T. Gilbert, «A Wandering Mind Is an Unhappy Mind», Science 330, no. 6006 (2010): 932.*

3 **experimentar los tres:** *Michael S. Franklin et al., «The Silver Lining of a Mind in the Clouds: Interesting Musings Are Associated with Positive Mood While Mind Wandering», Frontiers in Psychology 4 (2013): 583.*

4 **en el que te encuentres:** *Jonathan Smallwood et al., «Shifting Moods, Wandering Minds: Negative Moods Lead the Mind to Wander», Emotion 9, no. 2 (2009): 271-76.*

5 **más profundamente:** *F. Gregory Ashby, Alice M. Isen y And U. Turken, «A Neuropsychological Theory of Positive Affect and Its Influence on Cognition», Psychological Review 106, no. 3 (1999): 529-50.*

6 **o metas distintas:** *Ibid.*

7 **se presentan ante ti:** *Jonathan Smallwood y Jonathan W. Schooler, «The Science of Mind Wandering: Empirically Navigating the Stream of Consciousness», Annual Review of Psychology 66, no. 1 (2015): 487-518.*

8 **ocurrieron entonces:** *Jonathan Smallwood y Rory C. O'Connor, «Imprisoned by the Past: Unhappy Moods Lead to a Retrospective Bias to Mind Wandering», Cognition & Emotion 25, no. 8 (2011): 1481-90.*

9 **pensar más en ellos:** *Jonathan W. Schooler, entrevista con el autor, 28 de noviembre de 2017.*

10 **pacientes depresivos:** *Jonathan Smallwood y Jonathan W. Schooler, «The Restless Mind», Psychological Bulletin 132, no. 6 (2006): 946-58.*

11 **negativo o neutro:** *Shawn Achor, The Happiness Advantage: The Seven Principles of Positive Psychology That Fuel Success and Performance at Work (Nueva York: Currency, 2010).*

12 **para trabajar:** *Karuna Subramaniam et al., «A Brain Mechanism for Facilitation of Insight by Positive Affect», Journal of Cognitive Neuroscience 21, no. 3 (2009): 415-32.*

13 **250 000 respuestas:** *Killingsworth y Gilbert, «A Wandering Mind Is an Unhappy Mind».*

14 **avaladas por la ciencia:** *Shawn Achor, «The Happy Secret to Better Work», TED.cam, 2011, www.red.comltalks/shawn_achor_the_happy_secret_to_better_work.*

15 **en gran número:** *Mareike B. Wieth y Rose T. Zacks, «Time of Day Effects on Problem Solving: When the Non-Optimal Is Optimal», Thinking & Reasoning 17, no. 4 (2011): 387-401.*

16 **más cansado:** *Ibid.*

17 **los viernes:** *Gloria Mark et al., «Bored Mondays and Focused Afternoons: The Rhythm of Attention and Online Activity in the Workplace», en Proceedings of the SIGCHI Conference on Human Factors in Computing Systems (Nueva York: ACM, 2014), 3025-34, doi:l0.1145/2556288.2557204.*

18 **durante la proyección:** *Andrew F. Jarosz et al., «Uncorking the Muse: Alcohol Intoxication Facilitates Creative Problem Solving», Consciousness and Cognition 21, no. 1 (2012): 487-93.*

19 **tu mente está divagando:** *Michael A. Sayene, Erik D. Reichle y Jonathan W. Schooler, «Lost in the Sauce: The Effects of Alcohol on Mind Wandering», Psychological Science 20, no. 6 (2009): 747-52.*

20 **afecta tu espacio de atención:** *Jarosz, Colflesh y Wiley, «Uncorking the Muse».*

21 **un rompecabezas:** *Tom M. McLellan, John A. Caldwell y Harris R. Lieberman, «A Review of Caffeine's Effects on Cognitive, Physical and Occupational Performance», Neuroscience & Biobehavioral Reviews 71 (2016): 294-312.*

22 **el desempeño de tus tareas:** *Ibid.*

23 **tejido bucal:** *McLellan et al., «A Review of Caffeine's Effect».*

24 **muchas más veces:** *Laura Dabbish, Gloria Mark y Victor Gonzalez, «Why Do I Keep Interrupting Myself? Environment, Habit and Self-Interruption», en Proceedings of the SIGCHI Conference on Human Factors in Computing Systems (Nueva York: ACM, 2011), 3127-30, doi:10.1145/1978942.1979405; Gloria Mark, Victor Gonzalez y Justin Harris, «No Task Left Behind? Examining the Nature of Fragmented Work», Proceedings of the SIGCHI Conference on Human Factors in Computing Systems (Nueva York: ACM, 2005), 321-30, doi:l0.1 145/1054972.1055017.*

25 **volver al trabajo:** *Mark, Gonzalez y Harris, «No Task Left Behind?».*

26 un 30 por ciento: *R. van Solingen, E. Berghout y F. van Latum, «Interrupts: Just a Minute Never Is», IEEE Software 15, no. 5 (1998): 97-103; Edward R. Sykes, «Interruptions in the Workplace: A Case Study to Reduce Their Effects», International Journal of Information Management 31, no. 4 (2011): 385-94.*

27 frecuentes y costosas: *van Solingen, Berghout y van Latum, «Interrupts».*

28 analítica o creativa: *Claire M. Zedelius and Jonathan W. Schooler, «Mind Wandering "Ahas" Versus Mindful Reasoning: Alternative Routes to Creative Solutions», Frontiers in Psychology 6 (2015): 834.*

ÍNDICE

EL AUTOR

Chris Bailey es experto en productividad y el autor del *bestseller* internacional *The Productivity Project*, que se ha publicado en once idiomas. Chris escribe sobre productividad en Alifeofproductivity.com y da charlas a organizaciones de todo el mundo sobre cómo pueden ser más productivos sin aborrecer el proceso. Hasta la fecha, ha escrito cientos de artículos sobre el tema y ha obtenido cobertura en medios tan diversos como The New York Times, The Wall Street journal, New York magazine, Harvard Business Review, TED, Fast Company y Lifehacker. Chris vive en Kingston, Ontario, Canadá, con su prometida Ardyn y su tortuga, Edward.

alifeofproductivity. com
Email: chris@alifeofproductivity.com
Twitter: @Chris_Bailey
Twitter: @ALOProductivity

Chris Bailey está disponible para participar en conferencias y talleres.
Para más información, visite alifeofproductivity.com/speaking.